Esslingen neig'schmeckt

Gerichte und Geschichten aus Esslingen am Neckar

Impressum

Redaktion:

Wolfgang Reichert, Yvonne Schramm, Thomas Heil, Thomas Zörlein, Olaf Schulze, Sabine Wittig und Lars Schietinger

Satz/Gestaltung:

Yvonne Schramm und Thomas Heil

Fotografie:

Thomas Zörlein

Text:

Olaf Schulze, Wolfgang Reichert und Sabine Wittig

Projektleitung:

Lars Schietinger

Bildbearbeitung/Repro:

Günther Piltz, Stuttgart

Druck und Herstellung:

Format Druck GmbH, Stuttgart-Bad Cannstatt
Druckerei Uhl GmbH & Co. KG, Radolfzell

Bildnachweis:

S. 124–128: Archiv der Firma Hengstenberg
S. 129, 131 re., 132, 133: Archiv der Firma Kessler Sekt
S. 122: Thomas Kraut
S. 6, 11 u., 15 u., 19: Olaf Schulze
S. 46, 102 re., 110 o.: privat
S. 12, 14, 15 o., 16, 17 o., 94, 102 li., 131 li., 134:
Sammlung Olaf Schulze

© 2010 Verlag Trommelwiese, Stuttgart-Bad Cannstatt
www.trommelwiese.de

ISBN 978-3-9813379-1-4

Printed in Germany.

Vorwort

Esslingen am Neckar...

... was verbindet man mit Esslingen? Das haben wir uns beim Schreiben dieses Vorwortes gefragt. Ist es die Vogelsangbrücke, die man, über die B 10 kommend, zur Einfahrt in die Stadt passiert?

Ist es der weithin sichtbare Schornstein des Dick-Areals? Die Burg? Ist es der Marktplatz oder das Alte Rathaus mit seinen umliegenden historischen Gebäuden, denen man gerne ihre vielen Geschichten entlocken möchte? Sind es die heiteren Stunden auf dem Zwiebelfest oder die klamme Kälte, gepaart mit heißem Glühwein und einer Roten Wurst, auf dem mittelalterlichen Weihnachtsmarkt?

Die Antwort gibt jeder Esslinger und auch jeder Besucher individuell. Diese schöne Stadt hat einfach zu viele Facetten und Gesichter, um sie leichtfertig in einige wenige Bilder und Klischees zu pressen.

Wir sind viel durch Deutschland gereist, haben allerhand schöne Städte und Orte gesehen, die es zu besuchen und zu bewohnen lohnt. Esslingen aber hat es recht schnell geschafft, unser Herz zu erobern. Die Innenstadt ist alt, sehr alt und honorig, sprüht vor Charme und Flair. Die Neckararme ziehen das Auge stets auf sich, sofern nicht windschiefe Fachwerkhäuser, plätschernde Brunnen oder einladende Plätze dies tun.

Eine alte Stadt, aber auch wieder modern. Die Bausünden der 50er-, 60er- und 70er Jahre gingen größtenteils an diesem Ort vorbei.

Eine reiche Stadt, weil reich an Schönheit und Historie, die ihresgleichen sucht.

Eine lebendige Stadt, die von ihren Menschen geliebt und geschätzt und von Außenstehenden bewundert wird.

Was wäre aber eine alte, reiche und lebendige Stadt, wenn es dort „nix recht's zom Essa" gäbe?

Keine Angst! Auch in kulinarischer Hinsicht muss sich die ehemalige Reichsstadt nicht verstecken. Hier gibt es viele gute Gasthöfe, die es allesamt verstehen, den Gaumen zu verwöhnen.

Wer Esslingen besucht und mit leerem Magen heimkehrt, der hat halt net richtig neig'schmeckt.

Das Team der Trommelwiese

Inhaltsverzeichnis

Esslingen am Neckar

„Die Sauce ist für die Kochkunst,
was die Grammatik für die Sprache."

„Liebe geht
durch den Magen."

„Wer nicht kommt zur rechten Zeit,
der bekommt was übrig bleibt"

Esslingen am Neckar hat nicht nur eine reiche Geschichte, sondern auch das Glück, dass so vieles noch heute sichtbar ist, erlaufen, betrachtet werden kann. Wer vom Seilergang der Burg herabblickt auf die dichtbebaute Altstadt, wer durch diese mit offenen Augen geht, die Gassen, Straßen und Plätze durchstreift, die Kirchen oder die Maille bei der Inneren Brücke betritt, der wird verstehen, was Theodor Heuss einst mit „der Stadt aus dem Musterbuche der Romantik" gemeint hat. Und doch ist die Stadt Esslingen am Neckar mit all ihren Sehenswürdigkeiten, die jedes Jahr Tausende von Besuchern anziehen, vor allem eine Stadt, die authentisch ist, in der Alt und Neu zusammentreffen, in der die Alt- und Neu-Esslinger wirklich leben.

Auch wenn es der Stadtname nahelegt: Mit dem menschlichen Grundbedürfnis, dem auch dieses Buch gewidmet ist, hat Esslingen nichts zu tun. Vielmehr erinnert

Reichsadler am Kielmeyer-Haus

die Siedlung im Neckartal mit ihrem Namen an den Führer eines Sippenverbandes der Alemannen namens Hezzilo oder Hetsilo. 777 nach Christus tritt Esslingen aus dem Dunkel der Geschichte. Fulrad, berühmter Abt des fränkischen Reichsklosters St. Denis bei Paris, vermacht in seinem Testament eine Cella seinem Kloster. Die Cella ist eine klösterliche Gemeinschaft, auf deren Grund der Heilige Vitalis ruht und die „supra fluvium Necrae" liegt. Fulrad hatte sie zuvor vom Hafti, einem anderen alemannischen Führer erhalten. Das Grab des Heiligen Vitalis entwickelte sich zu einem Wallfahrtszentrum, die Siedlung wuchs, auch dank der verkehrstechnisch günstigen Lage an einer der wichtigsten Handelsrouten des fränkischen Reiches. Der Markt, der bereits Ende des 8. Jahrhunderts bestanden haben muss, gewann überregional an Bedeutung. 866 sicherte Ludwig der Deutsche dem Kloster St. Denis alle aus dem Marktgeschehen stammenden Zolleinnahmen zu.

Im 12. Jahrhundert befand sich Esslingen fest in staufischer Hand. Die schwäbischen Herzöge aus dem Geschlecht der Staufer, die Könige und Kaiser stellten, betrieben eine offensive Städtepolitik, die ihnen zusätzliche Einnahmen brachte. In jene Jahre bald nach 1200 fällt die Erhebung zur Stadt mit eigenen Rechten, eigenem Territorium, auch wenn die Urkunde nicht erhalten ist. Der Bau der steinernen Brücken im Laufe des 13. Jahrhunderts stärkte die Bedeutung Esslingens als wichtiger Neckarübergang an der Handelsstraße vom Rheinland nach Venedig. 1291 gelang den Zünften der Aufstieg in den patrizischen Rat der Stadt. Aus dem Machtvakuum nach Zusammenbruch der staufischen Herrschaft im Reich ging Esslingen gestärkt als Reichsstadt hervor. Noch heute trägt das Wappen der Stadt den Reichsadler und das CE für Civitas Esslingensis. Die selbstbewusste Stadt, die ihren Reichtum dem Weinbau, der Tuchproduktion und

Löwenbrunnen mit Stadtwappen

dem Handel verdankte, geriet immer mehr in Konflikt mit den Grafen von Württemberg, die ihr Territorium gerne um Esslingen erweitert hätten. Die Bündnisse mit anderen Städten stärkten mittelfristig Esslingens Position, doch die Niederlage der Städte bei Döffingen 1388 gegen Eberhard II. von Württemberg und endgültig die Niederlage im Großen Städtekrieg von 1448 schrieben die Vormacht der Grafen fest. 1473 wurde ein Schirmvertrag zwischen Esslingen und Württemberg geschlossen, der bis zum Ende des Alten Reiches immer wieder erneuert wurde.

Nach der Einführung der Reformation ab 1531 nach Züricher Muster, verbunden mit einem Bildersturm, dessen Spuren noch heute an den Kirchen sichtbar sind, brachte vor allem die Verlagerung der Handelswege an die europäischen Küsten ein Nachlassen der wirtschaftlichen Aktivität und somit den Verlust der alten

EßIingen a. N. Marktplatz   Burg

Der Esslinger Wochenmarkt um 1905

Größe. Die Kriege des 17. und 18. Jahrhunderts, die Seuchen taten ein Übriges. Ein Stadtbrand, der am Abend des 25. Oktober 1701 in der Herberge zum Schwarzen Adler in der Strohstraße ausgebrochen war, zerstörte 200 Gebäude, unter ihnen zahlreiche Zunfthäuser und das Reichsstädtische Rathaus, das prachtvoll wieder aufgebaut wurde. Ein Reisender, der im 18. Jahrhundert durch Esslingen kam, meinte: „Man lebt hier sehr solid und für sich, und ein gutes, imponables Würtshaus habe ich par tout nicht gefunden." Das Mittelmaß war eingekehrt. Mit dem Verlust der reichsstädtischen Souveränität 1802 wurde Esslingen eine württembergische Oberamtsstadt, der altehrwürdige Schwörtag wurde abgeschafft, der Balkon am Schwörhaus abgebrochen, ebenso das Katharinenspital, das wenig später dem heutigen Marktplatz weichen musste.

Das 19. Jahrhundert brachte aber auch einen ungeahnten Aufschwung durch die Industrialisierung, die Esslingen in eine prosperierende Stadt verwandelte. Ein Schwerpunkt lag in der Metallwarenindustrie. Die Maschinenfabrik Esslingen hatte 1850, vier Jahre nach ihrer Gründung, bereits über 1.000 Arbeiter, hier wurden vor allem Lokomotiven hergestellt. Über viele Jahrzehnte erfolgreiche Firmen wie Friedrich Dick (Feilen, Messer, Werkzeuge aller Art) oder die Esslinger Wolle der Spinnerei und Weberei Merkel & Kienlin trugen den Namen der Stadt in alle Welt. Gleichzeitig entwickelte sich die Stadt zu einer Hochburg der württembergischen Arbeiter- und Gewerkschaftsbewegung, der Sozialdemokratie. Die wirtschaftlichen Entwicklungen und politischen Katastrophen des 20. Jahrhunderts vollzogen sich in Esslingen wie andernorts. Der Nationalsozialismus fand auch hier seinen Widerhall, mit allen Folgen für die

politischen Gegner, für die jüdischen Bürger der Stadt. Esslingen ist eine der wenigen Städte Württembergs, die den Zweiten Weltkrieg praktisch unbeschadet überstanden haben. Dies führte jedoch dazu, dass die Stadt bei einer Einwohnerzahl von 48.000 Altbürgern bis 1947 rund 47.000 Neubürger, Flüchtlinge und Vertriebene aufzunehmen hatte. Die Stadt musste wachsen, und sie wuchs deutlich, auch in den Teilorten. Eine Anfang der 1970er Jahre ausgeführte Ringstraße zerstörte wertvolle Bausubstanz, half aber auch, den Verkehr weitgehend aus zentralen Bereichen der Altstadt zu verbannen. Heute zählt die Große Kreisstadt rund 91.500 Einwohner und ist ein attraktives Mittelzentrum in der Region Stuttgart.

„Do isch nix los, d'Leit ganget älle ge Schtuegert." Mit dieser Aussage, die in einer Traditionslinie mit dem bereits zitierten Reisebericht aus dem 18. Jahrhundert steht, beginnt im Merian-Heft über Esslingen aus dem Jahr 1974 ein Artikel namens „Die Mär vom gastronomischen Trauma". Mittelmaß als Trauma, aber vielleicht auch als Chance? Möglicherweise folgt das Gutbürgerliche, das Maßhalten nur jener Kardinaltugend „Temperantia", die zusammen mit der „Justitia" seit 1592 die astronomische Kunstuhr des Alten Rathauses schmückt. Die Personifikation des Maßhaltens, des Goldenen Mittelweges, mischt zu gleichen Teilen Wasser mit Wein. Der Originalfigur kann man im Stadtmuseum am Hafenmarkt ins Auge schauen. In einem anderen Raum entdeckt man auf einer kunstvoll geätzten Solnhofer Tischplatte aus dem Jahr 1578 unter anderem den passenden Spruch dazu: „Den Magen mäßig halten thu, so schlafest sanft und hast Dein Ruh."

Natürlich verfügte eine Reichsstadt wie Esslingen, zudem als Wein- und Handelsmetropole, über ein Netz von Gasthäusern und anderen Orten, an denen man als Fremder oder Einheimischer einkehren konnte. Grundsätzlich war es jedem Esslinger Bürger erlaubt, Wein aus eigener Herstellung „zum Mitnehmen auf die Gasse" zu verkaufen. Für einen beschränkten Zeitraum konnten Gassenwirtschaften eingerichtet werden, die neben Wein jedoch nur Brot und Käse ausgeben und natürlich keine Fremden beherbergen durften. Das Gleiche galt für die Zunftknechte in den Zunftstuben, den Zunfthäusern der zwölf Esslinger Zünfte. Eine nichtöffentliche, dem städtischen Patriziat vorbehaltene Einrichtung war, wie Martin Crusius 1596 schrieb, die „vortreffliche Bürger-Stuben" der Bürgerstubengesellschaft, „auf welcher vornehme Mahlzeiten und Comödien gehalten werden." Zu den vornehmen Speisen gehörten ausgesuchte Gewürze, die aus fernen Ländern kamen. Im 16. Jahrhundert hatte Esslingen drei Gewürzbeschauer ernannt, die eine Ordnung der Gewürze und der Gewürzmühle verfassten und für schlecht befundene Gewürze öffentlich verbrennen ließen. Zu den Gewürzen zählte zum Beispiel der Safran. „Der beste", weiß Karl Pfarff in seiner Esslinger Stadtgeschichte von 1840, „war der türkische und der Zimmtsafran, schlechter der englische, am geringsten der aragonische." Beliebte Gewürze waren auch Nelken, „Nägelein, grober, schwerer und Garbelierpfeffer,

Eßlinger Wolle

MERKEL & KIENLIN GMBH ESSLINGEN A.N.

Werbekarte um 1935

Parißkörner, welche man unter den Pfeffer mischte, spanischer oder brasilischer Pfeffer", der seiner „schädlichen Schärfe und anderer Untugend wegen" eigentlich verboten war.

Die Zahl der vollwertigen Gasthäuser mit warmer Küche, Sitzgelegenheiten, Schlafstuben und Stallungen schwankte im Esslingen des späten Mittelalters und der Frühen Neuzeit zwischen fünf und dreizehn. Regelmäßig vom Rat der Stadt erlassene Wirtsordnungen, die älteste bekannte erschien 1481, regelten alles bis ins Detail. Die Wirte mussten wie die Weinschenker noch im 17. Jahrhundert in jedem Jahr „am nächsten Rathstag nach Martini vor Rath

erscheinen", wo man ihnen dann die Ordnung vorlas, sie darauf vereidigte und ihren Frauen ein Handgelübde abnahm. Zu der erlesenen Schar dieser Gasthäuser gehörten der Goldene Adler, der Goldene Löwe und der Weiße Löwe in der Küferstraße, der Schwarze Bären in der Pliensaustraße, der Schwarze Adler in der Strohstraße, gleich daneben, Ecke Milchstraße der Rote Löwe, um nur einige zu nennen. Der Rote Löwe, erstmals 1456 erwähnt, war im 17. und 18. Jahrhundert Postwirtshaus. In manchen Fällen wurde das Wirtshausschild auf ein anderes Gebäude übertragen. So wechselte der Goldene Ochsen von der Pliensaustraße 8, dem sogenannten Paracelsus-Haus, spätestens 1720 auf die Pliensaustraße 29. Dort war er zuletzt über viele Generationen im Besitz der Familie Barth. Die Krone, Ecke Pliensau- und Kronenstraße, war ursprünglich eine Herberge zum Schwarzen Bären, während eine Krone sich bis 1701 in der Schmiedgasse befand.

Mit manch einem Gasthaus verbindet sich eine besondere Geschichte, mit dem Goldenen Adler (Küferstraße 22) sogar eine Sage, die „Sage vom Esslinger Mädchen", die sich 1688 dem französischen Feldherrn Mélac, der ein Auge auf sie geworfen hatte, hinzugeben bereit war, damit die Stadt vor den brandschatzenden Truppen bewahrt würde. In einer Variante zückt die schöne Tochter des Adlerwirts sogar an jenem einsamen Treffpunkt weit außerhalb der Mauern einen Dolch, um Mélac (wie einst Judith den Holofernes) zu töten, was nicht gelingt. Sie selbst findet jedoch dabei den Tod. Tatsächlich gibt es einen historischen Sagenkern um Anna Catharina Haug, die Tochter des Pfarrers von Hochdorf, die jener beim Adlerwirt Rutenberger in Obhut gegeben hatte. Anna Catharina bekam ein uneheliches Kind von Mélac. Und der Pfarrer machte Rutenberger schwere Vorwürfe: „Hätte Er meine Tochter sollen aus dem Hause schaffen, ehe Sie dem General Melac unter die augen kommen, so were dis Unglückh nicht geschehen … weilen Er aber meine Tochter laßen vor den augen umbvagiren, darzu speiß und tranckh durch Ihre hand über taffel tragen, ward es freylich vil zu spath, dis schäfflin zu salviren, und wans der Würth oder die Würthin hätten tentiren wollen, so hätte der General, wie ich höre, daß Er solle gedrohet haben, Ihme haus und hoff, oder gar die stadt in brand gestecktht." Nach dem Tod seiner Frau heiratete Rutenberger 1694 Anna Catharina Haug – so wurde sie Wirtin des Goldenen Adlers.

Der Postmichel-Brunnen um 1940

Auch die „Sage des Postmichel von Esslingen", deren einzelne Stationen man in vier Bildern auf den Reliefs des 1915 errichteten Postmichel-Brunnens ablesen kann, hat als einen Handlungsort die Esslinger Botenherberge. Dort soll Michel Banhard 1491 jenen kostbaren Siegelring des ermordeten Esslinger Kaufherrn Amandus Marchthaler herumgezeigt haben, den er zuvor auf seinem Weg zwischen Stuttgart und Esslingen gefunden hatte. Man hielt den Michel für den Mörder. Unter der Folter gestand er, was er nie begangen hatte. Er wurde verurteilt und hingerichtet, sagte jedoch, er würde so lange als Geist erscheinen, bis sich der wahre Mörder offenbaren würde. Diese vom Bildhauer Emil Kiemlen so deutlich illustrierte Sage freilich entbehrt jeder Grundlage und wurde erst im frühen 19. Jahrhundert niedergeschrieben.

Auf jenem Relief stehen vor dem Postmichel und seinem Kollegen auf dem Tisch Weinkrug und zwei genoppte Weingläser. Das Bierbrauen kam erst spät nach Esslingen, Esslingen war eine Weinstadt. Zuerst braute man 1644 im Spital Bier, um bei dem damals herrschenden Weinmangel Getränk für die Dienerschaft zu haben. 1657 erhielt der Wirt zum Goldenen Löwen eine weitere Braugerechtigkeit. Auf Klagen der Bürger jedoch, dass geringer Wein nicht mehr gehe, wurde alles Bierbrauen 1697 vom Rat der Stadt verboten. Erst 1745, nach einigen Weinfehljahren, wurde dem Wirt zum Roten Löwen Andreas Schidinger das ausschließliche Privileg zum Bierbrauen erteilt, das knapp fünfzig Jahre hielt, bis während der Revolutionskriege weitere Brauereien zugelassen wurden. Mit der Einführung des Kaffeetrinkens war es ähnlich mühselig. Zwar kamen bereits im Dezember 1704 zwei Kaffeesieder in die Stadt, erhielten aber nur beschränkt Erlaubnis, ihr Gewerbe hier zu treiben. Dem Johann Thinn wurde 1728 die Einrichtung eines Kaffeehauses „mit 2 Billiards in der Ober-Thorvorstadt" nur für die Dauer eines damals abgehaltenen Kreistages gestattet. Erst 1747 durfte Konrad Wildmeister ein dauerhaftes Kaffeehaus mit einem Billiard errichten und erhielt gegen eine Steuer von 7½ Gulden das Versprechen, dass man keine zweite Anstalt dieser Art in der Stadt zulassen wollte. Wiederum 50 Jahre sollte es dauern, bis dem Lammwirt Feyhl gestattet wurde, ebenfalls Kaffee auszuschenken. Das waren nur die Anfänge der Esslinger Kaffeehauskultur. Manch alteingesessener Esslinger mag sich an das Café Eitel in der Pliensaustraße erinnern oder

*Blick vom Neckarhaldenweg auf die Stadt mit Neckarhalden-
torturm, Frauenkirche und Stadtkirche, um 1910*

an das Café Geiger, Bahnhofstraße 1, das erst 2002 nach 105 Jahren in Familienbesitz aufgegeben wurde.

Die Zahl der Gaststätten, die Esslingen in den letzten hundert Jahren gesehen hat, geht sicher in die Hunderte. Und die Geschichten, die in ihnen passiert sind, die kleinen, alltäglichen, sie werden von den Stammgästen erzählt und geraten irgendwann in Vergessenheit. Manche Anekdote jedoch findet den Weg in ein Buch und wird so bewahrt, bestimmt auch ausgeschmückt. Das Gasthaus Kugel in der Bahnhofstraße 12/14 (heute Karstadt) wurde von der Esslinger Brauereigesellschaft betrieben. Es gab eine Bierhalle, Gartenwirtschaft, Kegelbahnen und „Kugels-Festsaal", nach dem Zweiten Weltkrieg bis zum Abbruch des Gebäudes „Städtischer Saalbau". Dort hatte, wohl in den 1920er Jahren, Willy Reichert einen Auftritt bei einem Bunten Abend. Im Hotel Post nebenan nahm er spät abends noch einen Imbiss. Er kam ins Gespräch mit der Wirtin, Frau Füller, und verriet ihr, er wolle für die Bühne ein typisches schwäbisches Männerpaar schaffen, so wie Tünnes und Schäl in Köln. Er habe auch schon genaue Vorstellungen von den Charakteren der beiden, grüble aber noch über die geeigneten Namen. Ob sie ihm vielleicht zwei gute, unzertrennliche Freunde ihres Stammtisches nennen könnte. Frau Füller ließ den Blick schweifen. An einem der Tische ganz hinten in einer Ecke des Lokals saßen diskutierend

Anzeige im Schwäbischen Merkur, 1871

zwei Esslinger Geschäftsleute, die Herren Häberle und Pfleiderer. So berichtet es Lisel Agner in ihren „Geschichten aus Alt-Esslingen".

Der Historiker Otto Borst liebte folgende Anekdote: „Nach 1945 hat Esslingen ein schon gar nicht mehr zweideutiges (vielmehr höchst eindeutiges) Etablissement besessen, überregional ausgewiesen, von Soldaten und Nicht-Soldaten besucht, von Weißen und Schwarzen, mit einem unschuldigen Tanzcafé dabei, versteht sich. Inhaber war jener in Ehren alt gewordene ,Bauer von Esslingen bei Stuttgart', wie auf seiner Visitenkarte stand. Angeblich schlecht

Im Heppächer

Kandelmarsch 2010

hörend, hat er sie immer vorgezeigt. Wer genauer hinsah, las: ‚Seit 1475. Haus der 428 Polstermöbel. Zwei Bars. Hört schlecht. Bitte laut sprechen.' Im Café gab's auch einen Rhesusaffen, den plötzlich keiner mehr fand. Als Monate später das große Weinfaß zu Ende gegangen war, lag der Arme dort am Faßboden. Der Wein sei nie so gut gewesen, meinten ernstzunehmende Gäste." Nun, die Gefahr dürfte heute nicht mehr bestehen. Borst bedauerte noch 1977, dass in seiner Heimatstadt kein historischer Weinkeller zu Gastronomiezwecken benutzt würde oder es keine überlebensfähigen Straßencafés gäbe. Mittlerweile hat sich in dieser Richtung viel getan. Der besonderen Lokalitäten in historischen Gemäuern sind viele. Man kann in Kellern aus dem 13. Jahrhundert speisen oder unter barocken Stuckde-

cken. Für jeden Geschmack hat Esslingen etwas zu bieten, für jeden Anlass gibt es das passende Ambiente.

Besondere Ereignisse sind mit kulinarischen, zumindest aber mit flüssigen Genüssen verbunden. Da gibt es seit 1968 den Heiligen Vormittag, der am 24. Dezember Massen von Esslingern zu Wein, Bier und Suppe auf die Straßen bringt. Da gibt es den Kandelmarsch, der 1922 aus einer Laune der Abschlusskandidaten der Maschinenbauschule Esslingen entstand. Mit einer langen Leiter zogen zehn bis zwölf Studenten nachts vom Zollberg im Gleichschritt über die Pliensaubrücke. Beim Bahnübergang hinter dem Pliensautor stand ein Polizist, der ihnen befahl, wenigstens auf dem Bürgersteig zu gehen, damit die Straße frei ist. Auf der Inneren Brücke trafen sie auf einen weiteren Wacht-meister, der die Gruppe mit auf die Wache nahm: „Aber runter vom Bürgersteig!" Und so wurde der Kandelmarsch geboren, ein Fuß auf dem Bürgersteig, einer auf der Stra-ße. Traditionell erscheinen die Absolventen der Hochschule Esslingen noch heute nach Abschluss des Sommersemesters in Frack und Zylinder. Die Professoren nehmen auf einem Pferdewagen Platz, der den Zug anführt. Die Studenten marschieren in Gruppen mit Leitern und Bierkrug zu den Lokalen, in denen Freibier für sie bereit gehalten wird. Kandel ist übrigens die schwäbische Bezeichnung für den Rinnstein zwischen Bordstein und Straße.

Margret Maier, Marktfrau in vierter Generation

Und da gibt es nicht zuletzt das Zwiebelfest, das im August 1987 zum ersten Mal gefeiert wurde. Esslinger Wirte erinnern mit ihren Lauben auf dem Marktplatz daran, dass die Esslinger ja einen Spitznamen haben: Sie sind die „Zwieblinger". Und das kam so, wenn man dieser Erklärung glauben will: Eine Esslinger Marktfrau habe einmal einen seltsamen Kunden gehabt, elegant gekleidet und schmei-chelnd habe er um einen Apfel zum Kosten gebe-ten. Doch die Marktfrau bemerkte einen leichten Schwefelgeruch und den kaum verdeckten Pferde-fuß. Sie bot dem Teufel eine saftige Zwiebel an. Der biss hinein, verfluchte die Esslinger als „Zwiebel", schwor, die Stadt nie mehr zu betreten, und verließ die Stadt durch das Mettinger Tor Richtung Stutt-gart. Seither, so interpretieren manche die Sage, regiere der Teufel im Tal des Nesenbachs. 1983 wurde am Ende der Milchstraße der Zwiebelbrunnen des Künstlers Wolfgang Klein aufgestellt. Wenig später gab es das erste Zwiebel-fest. Ob die Esslinger besonders viele Zwiebeln essen, ist nicht bekannt. Vielleicht schützt das auch vor bösen Geis-tern. Wer an der schönen gotischen Frauenkirche den Blick zum Himmel richtet, kann über einem Pfeiler der Südwand als Wasserspeier den Teufel sehen ... er ist schon lange nach Esslingen zurückgekehrt ... und hält eine Zwiebel in der Hand.

Blum's Öxle

Kreative Genüsse in liebevollem Ambiente

Koch und Gastgeber aus Leidenschaft: Andreas Blum

Laut dürfte es hier einst zugegangen sein, und ins Schwitzen wird er bei seiner Arbeit gekommen sein, der Schmied. Wer sich im kleinen, holzvertäfelten Gastraum in Blum's Öxle umsieht, dem fallen nicht nur die großformatigen Schwarz-Weiß-Fotos glücklicher Kühe, die vielen Herzen und der gläserne Kronleuchter ins Auge, sondern er entdeckt an der Decke nahe dem Eingang auch ein altes Schwungrad mit Aufhängung, das einst einen Transmissionsriemen angetrieben hat. Seit dem frühen 19. Jahrhundert hatte sich im rückwärtigen Hausteil an der früheren Bachstraße (benannt nach dem verdolten Geiselbach) eine Schmiedewerkstatt befunden. Erst 1980 wurde diese zu einer Weinstube umgebaut.

Das Gebäude selbst, ein heute grün verputzter, zum Marktplatz hin giebelständiger Fachwerkbau, mag noch aus dem 16. oder frühen 17. Jahrhundert stammen. Unter ihm liegt ein mehrteiliger, noch älterer Gewölbekeller. Im Nachbarhaus zur Linken – in der Marktstraße 5 – befindet sich seit dem späten 18. Jahrhundert das Gasthaus zum Wilden Mann. Bei Bauarbeiten im hinteren Teil des Wilden Mannes stieß man 1988 auf Reste eines hochmittelalterlichen Wohnturmes. Das Haus über der Gasse, Marktplatz 3, gehörte von 1841 bis 1910 der Familie Weiss, Teilhaber der Sektkellerei Kessler. Es wurde schon im 15. Jahrhundert errichtet und ist urkundlich 1459 erstmals als „des spitals nuwes huß" fassbar. Unter seiner rechten Haushälfte verläuft das Geiselbachgewölbe. Auf dem Marktplatz vor diesen ehrwürdigen Häusern stand über Jahrhunderte das Esslinger Katharinenspital, bis es auf Geheiß der württembergischen Obrigkeit zwischen 1811 und 1817 niedergelegt wurde. Einzig die stattliche Spitalkelter, das Kielmeyerhaus, blieb von der Spitzhacke verschont.

In diesem historischen Umfeld, ein wenig versteckt, aber nur ein paar Schritte vom Markt, befindet sich dieses kleine, aber wahrlich feine Lokal. Als Kuntzers Öxle wurde es über zwölf Jahre vom Küchenchef Manfred Kuntzer geführt, der zuvor 1989 im Hotel Zeller Zehnt in Esslingen-Zell einen Michelin-Stern errungen hatte. Er bot im Öxle feinste regionale Küche mit südländischem Einschlag und war in seiner Zeit die Adresse für Gourmets in Esslingen und über die Region hinaus bekannt. Ende 2009 wendete er sich neuen Aufgaben zu. Zum 1. März 2010 haben Andreas Blum und seine Lebens- und Geschäftspartnerin Christina Demuth Blum's Öxle eröffnet. Innerhalb kurzer Zeit gelang es ihnen, bei den Gästen mit einem stimmigen Konzept, ansprechendem Ambiente und persönlichem Service zu punkten und ihren eigenen guten Ruf durch ihre gehobene heimische Küche mit kreativer Handschrift und internationalen Trends aufzubauen.

Kennen- und liebengelernt haben sich die beiden bei der Arbeit 2008 im Best Western Premier Hotel Park Consul Esslingen, wo Andreas Blum zuletzt Küchenchef und Christina Demuth stellvertretende Direktorin und Wirtschaftsdirektorin war. Und mit der Zeit war klar, dass sie beide zusammen etwas Eigenes auf die Beine stellen wollten. Ganz im Sinne der Worte des Dalai Lama: „Widme dich der Liebe und dem Kochen mit ganzem Herzen."

Andreas Blum wurde in eine schwäbisch-amerikanische Familie hineingeboren und wuchs in Esslingen-Sulzgries und -Wäldenbronn auf. Die Großeltern hatten ein eigenes Restaurant, schon als Schüler kochte er sich gerne auch mal selbst sein Mittagessen. Seine Lehre absolvierte er im Dicken Turm. Bereits in jungen Jahren wurde er Küchenchef im Filderhotel in Nellingen. Nach Stationen im Hotel & Restaurant Maître in Wernau und im Golfclub Kirchheim-Wendlingen und einem längeren Aufenthalt in den USA kam er 2007 nach Esslingen zurück.

Christina Demuth, gebürtige Esslingerin, hat nach ihrem Abitur in München eine Ausbildung zur Hotelfachfrau absolviert. Sie arbeitete europaweit für den Feinkost & Partyservice-Trendsetter Gerd Käfer und übernahm dann das Management von Eckart Witzigmann in München und auf Mallorca. Mehr und mehr bekam sie leitende Funktionen in spanischen Hotels und hob als Wirtschaftsdirektorin in Soma Bay, Ägypten, ein Hotel aus der Taufe. Zurückgekehrt nach Deutschland arbeitete sie 2004 für das Steigenberger Hotel Graf Zeppelin in Stuttgart und graduierte zeitgleich in New York mit dem Master Certificate in Food Service & Hospitality Management an der internationalen Cornell School of Hotel Administration, bevor sie 2006 ihre Stelle in Esslingen antrat und bald darauf Andreas Blum begegnete.

Im Blum's Öxle werden ausschließlich frische und ausgesuchte Zutaten wie Hohenloher Rind, Schwäbisch Hällisches Landschwein und heimisches Wild verarbeitet und zu einem attraktiven Preis-Leistungs-Verhältnis serviert. Andreas Blum versteht es, Aromen gekonnt einzusetzen und überfordert trotz aller Kreativität nie die Geschmacksnerven seiner Gäste. Chili, Thaicurry, Tasmanischer Bergpfeffer & Co. werden stets wohl dosiert. Dass Blum Halb-Amerikaner ist, lässt sich auf der saisonal wechselnden Karte nicht verleugnen. Da finden sich neben Klassikern wie einem geschmorten

Christina Demuth

Ochsenschwanz mit Wochenmarktgemüse und Spätzle auch gerne mal ein Flanksteak vom US Beef unter der Tasmanischen Pfefferkruste auf Vanillemais und Kartoffelplätzchen mit Marmelade von der roten Zwiebel. Auf der Dessertkarte entdeckt man Leckerbissen wie mit Marillen gefüllte Topfenknödel mit hausgemachtem Vanille-Eis und Erdbeer-Rhabarber-Kompott oder Crème brûlée von der Tonkabohne und Panna Cotta von der Schokolade an hausgemachtem Mangosorbet.

Der Verdauung förderlich ist „Der Aechte Zollberggeist", nach einer Originalrezeptur der Apothekerfamilie Demuth in der Apotheke am Zollberg hergestellt. Die Weinkarte vereint Weine aus der Region mit ausgesuchten ausländischen Tropfen. Jeder Wein ist auf der Karte fachmännisch kommentiert, ein gutes Beispiel für den Service des Hauses. Wer möchte, kann sich mit einem Überraschungsmenü verwöhnen und eben vor allem überraschen lassen. Wochentags gibt es einen speziellen Mittagstisch, Blum's Öxles Lunch. Und samstags zur Mittagszeit servieren die Vollblutgastronomen kesselfrische Maultaschen als Hauptgang im immer wieder neu variierten Maultaschen-Mittagsmenü.

Tafelspitzbrühe mit Roulade von gefüllten Kräuterflädle und Wurzelgemüsestreifen

Zutaten
für 4 Personen

500 g Tafelspitz vom Rind
3 Rindermarkknochen
2½ l Wasser
1 mittelgroße Zwiebel
1 kleine Karotte
1 Tomate
½ Stange Lauch
¼ Sellerieknolle
½ Petersilienwurzel
1 Prise Salz
4 Pfefferkörner
1 kleines Lorbeerblatt
etwas Schnittlauch zum Garnieren

... für die Flädle:

1/8 l Milch
1 Ei
70 g Mehl
1 Schuss braune Butter
etwas gehackte Petersilie
Salz

... für die Füllung (Farce):

100 g Hähnchenbrustfilet
1 kleines Ei
50 g flüssige Sahne
Portwein
Salz, Pfeffer, Muskat
fein gewürfeltes Wurzelgemüse

Schwierigkeitsgrad:
mittel
Zubereitungszeit:
60 Minuten

Fleisch und Knochen gut waschen. Einen großen Topf erhitzen. Eine halbe ungeschälte Zwiebel mit der Schnittfläche auf den Topfboden legen und dunkelbraun rösten. Mit Wasser aufgießen. Fleisch, Knochen, Salz, Pfefferkörner und Lorbeerblatt dazugeben. Langsam aufkochen, dann die Hitze reduzieren und ca. 3 Stunden köcheln lassen.

Gemüse putzen bzw. schälen – etwas Lauch, Karotte und Sellerie beiseite legen – und zur Suppe geben. Weitere 30 Minuten bei schwacher Hitze ziehen lassen. Das Fleisch herausnehmen und für ein anderes Gericht verwenden. Die Suppe durch ein Tuch gießen und abschmecken.

Für die Flädle die Hälfte der Milch, das Ei, Petersilie und Salz mit dem Schneebesen verrühren. Mehl dazugeben und zu einem glatten Tag rühren. Restliche Milch und braune Butter einrühren und den Teig 30 Minuten ruhen lassen. Flädle dünn ausbacken.

Für die Füllung das Filet waschen, klein schneiden und leicht anfrieren. Zusammen mit der Sahne, dem Ei und den Gewürzen im elektrischen Zerkleinerer fein hacken. Mit Portwein, Salz, Pfeffer und Muskat abschmecken und durch ein feines Sieb streichen. Gemüsewürfel unterziehen.

Kräuterflädle mit der Farce bestreichen und einrollen. In Alufolie einwickeln, dabei die Enden straff abdrehen und die Rollen im Wasserbad (80°C) 20 Minuten pochieren. Folie ablösen und Flädle in Scheiben schneiden.

Das restliche Gemüse in feine Streifen schneiden und blanchieren. Alles zusammen anrichten und mit fein geschnittenen Schnittlauchröllchen garnieren.

Tipp:

Das gekochte Fleisch eignet sich perfekt für Tafelspitz mit Meerrettichsoße.

Geschmorter Ochsenschwanz
mit Wochenmarktgemüse und Spätzle

2 kg Ochsenschwanz (am besten vom Metzger an den Wirbeln trennen lassen)
300 ml Spätburgunder
1 l brauner Kalbsfond
½ l Wurzelgemüsefond
40 g Butterschmalz
4 EL Tomatenmark
Salz, Pfeffer, frischer Thymian und Majoran
Gemüse nach Wahl

... für die Spätzle:

250 g Mehl
80–100 ml Wasser
3 Eier
1 TL Salz

... für die Schmelze:

1 EL Butter
1 EL Weckmehl

Schwierigkeitsgrad:
anspruchsvoll
Zubereitungszeit:
4½ Stunden

Butterschmalz erhitzen und die Ochsenschwanzstücke scharf anbraten. Salzen und pfeffern. Tomatenmark dazugeben und anrösten. Mit 100 ml Spätburgunder ablöschen und etwas einkochen lassen. Restlichen Wein, Kalbs- und Wurzelgemüsefond dazugießen und aufkochen lassen. Dann bei geschlossenem Deckel und geringer Hitze mindestens 4 Stunden schmoren lassen, bis das Fleisch weich ist. In der letzten halben Stunde die frischen Kräuter dazugeben.

Ochsenschwanz herausnehmen und warm halten. Die Soße passieren und auf 600 ml einkochen lassen. Zum Schluss mit Salz und Pfeffer abschmecken.

Aus den Zutaten für die Spätzle mit einem Rührlöffel einen zähen Teig herstellen und so lange schlagen, bis er Blasen wirft.

In einem großen Topf 5 l Wasser zum Kochen bringen und salzen. Spätzlebrett mit dem kochenden Wasser anfeuchten, den Teig dünn auf das Brett streichen und mit einem Schaber oder einem langen, breiten Messer dünne Streifen in das kochende Salzwasser schaben. Sobald die Spätzle aufsteigen, mit einem Schaumlöffel aus dem Wasser nehmen. Aus der Butter und dem Weckmehl eine Schmelze herstellen und über die Spätzle geben.

Das Gemüse in Butter anschwenken und alles zusammen servieren.

Weintipp:
Ein trockener Rotwein, z.B. Acolon oder Spätburgunder

Schwäbischer Eisgugelhupf

mit frischen Erdbeeren

Zutaten
für 4 Personen

80 g Zucker
2 Eier
400 ml Sahne
ca. 2 cl Grand Marnier

... für die Schokoladensoße:

1/8 l Wasser
70 g Zucker
100 g dunkle Kuvertüre
evtl. etwas Rum

ca. 250 g Erdbeeren
evtl. Erdbeermark
evtl. Eierlikör

Schwierigkeitsgrad:
einfach
Zubereitungszeit:
30 Minuten + 24 Stunden
Gefrierzeit

Sahne steif schlagen. Eier mit dem Zucker im Wasserbad (80°C) aufschlagen, danach kalt rühren. Mit Grand Marnier vermengen und die geschlagene Sahne unterheben.

Für die Schokoladensoße das Wasser zum Kochen bringen, Zucker und Kuvertüre dazugeben und zum Schluss mit etwas Rum abschmecken.

Die Hälfte der Gugelhupfmasse mit der Schokoladensoße verrühren. Die beiden Massen abwechselnd schichtweise in kleine Gugelhupfformen füllen und mindestens 24 Stunden gefrieren lassen.

Die gefrorenen Gugelhupfe aus der Form lösen und gemeinsam mit den frischen Erdbeeren anrichten. Teller mit Erdbeermark- und Eierlikörtupfen dekorieren.

Blum's Öxle

Gehobene heimische Küche – kreativ verfeinert

Inhaber: Andreas Blum und Christina Demuth

Marktplatz 4 · 73728 Esslingen am Neckar
Telefon 0711 / 91 27 47 71 · Fax 0711 / 91 27 47 72
E-Mail info@blums-oexle.de
www.blums-oexle.de

Öffnungszeiten

Mittwoch bis Samstag
von 12.00 bis 14.30 Uhr und von 18.30 bis 23.00 Uhr
Dienstag von 18.30 bis 23.00 Uhr

Gut zu wissen

30 Sitzplätze
Außenbereich mit 30 Sitzplätzen
Nebenraum „Esslinger Stüble" für 8 Personen

Catering auf Anfrage

Dicker Turm
Feine Küche in Esslingens Wahrzeichen

Küchenchef Axel Schubert

Es ist ein wenig mühsam, die Burgsteige zwischen den Weinbergen hinaufzusteigen. Auch die 315 Stufen der Burgstaffel erfordern Kondition. Aber man kann sich ja Zeit lassen, und wer schließlich vom Seilergang der Burg auf Esslingen hinabblickt, wird für seine Mühe reich belohnt. Und kann sich gleich noch etwas Gutes tun: Mit einer Einkehr – entweder zünftig-schwäbisch beim Trödler zur Burgschenke oder gehobener im Restaurant Dicker Turm. Beide Lokale werden derzeit nicht nur von denselben Pächtern betrieben, sie sind vor allem Teil der sogenannten Burg, jenem eindrucksvollsten Teil der Esslinger Stadtbefestigung, der großräumigen Befestigungsanlage des Schönenbergs, die die Bergseite der Reichsstadt sicherte und die bis heute ein Wahrzeichen der Stadt geblieben ist.

Mitte des 13. Jahrhunderts, spätestens jedoch 1304, wurde der Berghang mit dem Weinberg in den Befestigungsring der stauferzeitlichen Umwehrung einbezogen. Über die Burgstaffel gelangt man von Westen zum Seilergang, welcher westlich von der Hochwacht (1501 errichtet) und östlich vom Dicken Turm eingerahmt wird. Auf dem Walmdach der Hochwacht befinden sich ein Dachreiter und ein Glockentürmchen, von dem in Notzeiten Signal gegeben wurde. Die Burg selbst, die nie ein Herrschersitz war (also eine Burg im eigentlichen Sinne), wurde 1314 erstmals erwähnt. Esslingen galt im Mittelalter mit seinen 28 Toren und rund 50 Türmen als eine der am schwersten einnehmbaren Festungen in Schwaben. Und sie musste sich auch wehrhaft zeigen, da die württembergischen Grafen und Herzöge immer wieder versuchten, sich die Reichsstadt einzuverleiben. Wohl mit der Bedrohung durch Herzog Ulrich von Württemberg 1519, der damals die Stadt von den östlichen Höhen, den Ebershalden (vergeblich) beschoss, begann die schrittweise Ummauerung des zuvor nur mit Holzpalisaden geschützten Bergplateaus.

Das Herzstück der Burg bildet der Dicke Turm an der Süd-ostecke. Mit seinen über fünf Meter starken Mauern und den Stellungen für schweres Geschütz ist er ein typischer

Festungsbau der Zeit um 1500, in dessen Innerem genügend Kanonen schweren Kalibers Platz fanden. 1527 erbaut, beherrscht der massive Rundturm mit seinen Schießscharten nicht nur die Ebershalden, sondern auch den Burghof mit Seilergang als im Notfall innere Verteidigungslinie. Nicht immer wurden die Kanonen jedoch gut gepflegt, so heißt es 1608, dass die auf der Burg aufgestellten Geschütze zum Teil „durch beschmeysung der Eylen sehr ubel verderbt" seien.

Wer heute den Dicken Turm durch das Tor zur Hofseite betritt, entdeckt über sich einen alten Wappenstein von 1772 mit dem doppelköpfigen Reichsadler unter einer Krone, der Schwert, Zepter und Reichsapfel in den Klauen hält. Auf der Brust trägt er die ineinander verschränkten Buchstaben „CE" für „Civitas Esslingensis", die Bürgergemeinschaft der Esslinger. Wenige Jahre später, 1788, wurde der Turm erneuert, doch erst 1887 ließ Stadtbaumeister Schiller nach dem Vorbild der Dicken Türme in Nürnberg jenen aufwendigen hölzernen, achteckigen Aufbau mit Dachlaterne aufsetzen, der dem Dicken Turm sein charakteristisches Äußeres verleiht.

Auch von innen bietet das Restaurant Dicker Turm einen interessanten Blick auf die Dachkonstruktion – und vor allem eine herrliche, fast rundum gehende Aussicht. Hier hat man Esslingen im Blick, nicht nur vom Hauptraum, der mit den beiden Turmstuben über zwei abtrennbare Nebenräume verfügt und dessen Tischplätze auf zwei Ebenen verteilt sind, sondern auch von der ein Stockwerk tiefer liegenden Bürgerstube, einst regelmäßiger Treffpunkt der Esslinger Rotarier. Zum Stadtjubiläum 1977, als man 1200 Jahre erste Erwähnung Esslingens feierte, wurde die Burg saniert und der Dicke Turm fortan als Gaststätte genutzt. Selbst an einen Aufzug hatte man gedacht, wenn er auch nicht bis ganz hinauf führt. Auf den ersten Pächter Herrn Moosmann folgten 17 Jahre lang Dieter Herbstrith und seine Frau, die sich Silvester 2009 altersbedingt in den Ruhestand verabschiedeten.

Zum 1. Februar 2010 haben Jürgen Kürner und Cornelius Peter den Dicken Turm von Stuttgarter Hofbräu – zunächst bis Ende 2011 – gepachtet. Während Jürgen Kürner weiterhin vor allem für die Burgschenke zuständig ist, betreut Cornelius Peter mit einem durch die

Der Seilergang

Bank jungen und engagierten Team das Restaurant Dicker Turm. Peter, in Esslingen geboren und aufgewachsen, hat nach dem Abitur bei seinem heutigen Kompagnon Kürner die Ausbildung zum Restaurantfachmann absolviert und ist im Januar 2009 als Teilhaber eingestiegen. Mit dem Küchenchef Axel Schubert, der aus Sachsen-Anhalt stammt, ist er seit seiner Ausbildung befreundet. Axel Schubert („Bei uns in der Familie haben immer nur die Männer gekocht.") ist begeisterter Koch und auch ein guter Küchenorganisator und traute es sich zu, den Dicken Turm zu übernehmen. Ihm zur Seite steht der Koch Nico Pösenecker, der aus dem Landkreis Esslingen kommt und im Landgasthof Hirsch in Aichwald-Schanbach gelernt hat. Schubert und Pösenecker stehen für eine anspruchsvolle Küche, suchen aber noch ihren eigenen Weg, wie sie übereinstimmend betonen. Steakplatte Dicker Turm und Fischgerichte, leichte Speisen, aber auch Filetspitzen Stroganoff und durchaus auch Schwäbisches, dazu eine deutliche mediterrane Note, drei- bis viergängige, auch vegetarische Menüs verzeichnet die Karte.

Bei Sekt setzt der Restaurantleiter Thomas Reiche, der nach der Lehre in der Stuttgarter Rosenau, in der Landtagsgaststätte Plenum und im Café Künstlerbund arbeitete, auf Kessler, bei den Weinen ebenfalls auf ortsansässige Weingüter und die Produkte der Weingärtnergenossenschaft. „Wir wissen, dass man uns kritisch beäugt", erklärt Cornelius Peter, doch man versuche den eigenen gehobenen Ansprüchen an Qualität und Service gerecht zu werden. Der beliebte Jazzbrunch – Buffet mit Livemusik – findet auch weiterhin von Mitte Oktober bis Ende April an zwei Sonntagen im Monat ab 10.30 Uhr im Dicken Turm statt, auch für große Feiern ist der Dicke Turm geeignet. Neu ist die gastronomische Nutzung eines Teils des Seilergangs als überdachter Freisitz mit herrlicher Aussicht. Wo sich einst sozusagen die Esslinger Reeperbahn befand, kann man nun an Zweiertischen romantische Abende verleben und dem heimischen Rieslinggewächs im Weinberg unterhalb beim Reifen zusehen.

Gebrannte Grießsuppe

mit Gemüsebrunoise

Zutaten
für 4 Personen

600 ml Fleisch- oder
Gemüsebrühe
60–100 g Grieß
2 Karotten
½ Stange Lauch
Salz, Pfeffer, Muskat

Schwierigkeitsgrad:
einfach
Zubereitungszeit:
15 Minuten

Grieß in einer Pfanne ohne Öl hellbraun rösten. Die Brühe in einem Topf erhitzen und den heißen Grieß einrühren. Vom Herd nehmen und etwas quellen lassen. Karotten und Lauch in sehr feine Würfel (Brunoise) schneiden, in die Brühe geben und aufkochen. Mit Salz, Pfeffer und wenig Muskat abschmecken.

750 g Rinderfilet
Butterschmalz zum Braten
4 Blätterteigplatten
8 Kartoffeln
4 Zucchini
Oliven- oder Sonnenblumenöl
zum Braten
500 ml Holunderbeersaft
1 EL Crème fraîche
1 Schuss Vermouth
(z.B. Martini Extra Dry)
Salbei, Rosmarin (gehackt)
Salz, Pfeffer, Zucker

Schwierigkeitsgrad:
mittel
Zubereitungszeit:
45 Minuten

Rinderfilet im Blätterteigbeutel

Rinderfilet von Sehnen und Knochenhaut befreien. Zucchini waschen und in ca. 3 mm dicke Scheiben schneiden. Kartoffeln schälen und längs halbieren. In leicht gesalzenem Wasser ca. 25 Minuten gar kochen.

Backofen auf 200°C vorheizen (Umluft 180°C). Rinderfilet in ca. 180 g schwere Portionen schneiden und mit Salz, Pfeffer und etwas Rosmarin würzen. Butterschmalz in einer Pfanne erhitzen und die Filets von beiden Seiten ca. 1–2 Minuten scharf anbraten.

Blätterteig in ca. 12–13 cm große Quadrate ziehen und die Filets jeweils in die Mitte setzen. Die Spitzen des Teigs zum Beutel formen. Den Beutel mit einer leichten Drehung und etwas Druck verschließen und in den Ofen schieben.

Garzeiten: englisch ca. 8 Minuten, medium (rosa) 11–12 Minuten, durchgebraten ca. 14 Minuten

In der Zwischenzeit den Holunderbeersaft erhitzen und etwas einreduzieren lassen. Mit Salz, Pfeffer und Zucker abschmecken. Crème fraîche einrühren – nicht mehr kochen lassen! – und mit dem Vermouth parfümieren.

Zucchini in etwas Öl leicht anbraten, salzen, pfeffern und mit gehacktem Salbei und Rosmarin abschmecken.

Weintipp:
Cuvée Dicker Turm

Süße Caprese (aus Erdbeeren und Panna Cotta) mit Melissenpesto

Zutaten
für 4 Personen

600 g Sahne
100 g Zucker
1 Vanilleschote
5 Blatt Gelatine
ca. 500 g Erdbeeren
70 g Zucker
50 ml Wasser
20–30 Blättchen Zitronenmelisse
Puderzucker

Schwierigkeitsgrad:
mittel
Zubereitungszeit:
30 Minuten + 5 Stunden
Kühlzeit

Sahne kochen und etwas einreduzieren lassen. Gelatine in kaltem Wasser einweichen. 100 g Zucker und das ausgekratzte Vanillemark zur Sahne geben und nochmals aufkochen. Vom Herd nehmen, ausgedrückte Gelatine dazugeben und unter Rühren auflösen. Die Masse etwas abkühlen lassen.

Die Panna Cotta in schmale Gläser (z.B. Kölschbecher) füllen und im Kühlschrank ca. 5 Stunden fest werden lassen.

Aus Zucker und Wasser Läuterzucker herstellen. Dazu das Wasser aufkochen, Zucker zugeben und köcheln lassen, bis der Zucker sich vollständig aufgelöst hat. Abkühlen lassen, Melisseblättchen dazugeben und pürieren.

Erdbeeren waschen und in Scheiben schneiden. Panna Cotta aus den Gläsern lösen und ebenfalls in Scheiben schneiden. Anrichten und mit dem Melissenpesto beträufeln.

Tipp:

Gläser vor dem Einfüllen der Panna Cotta kalt ausspülen oder mit geschmacksneutralem Öl leicht einfetten. Die Panna Cotta lässt sich dann besser stürzen.

Dicker Turm

Gehobene schwäbisch/deutsche Küche

Inhaber: Kürner und Peter GbR

Auf der Burg · 73728 Esslingen am Neckar
Telefon 0711 / 35 50 35 · Fax 0711 / 3 50 85 96
E-Mail info@dicker-turm.de
www.dicker-turm.de

Öffnungszeiten

täglich von 11.30 bis 14.30 Uhr und 17.30 bis 23.00 Uhr
Montag Ruhetag

Gut zu wissen

120 Sitzplätze im Restaurant sowie 50 in der Bürgerstube
Außenbereich mit 40 Plätzen
Mittagstisch mit täglich wechselndem Gericht zu 12 €

Einhorn

Schwäbisch-Internationales in Esslingens ältestem Kellerlokal

Zwei Profis am Herd: Moritz-Leander Weiß (links) und Küchenchef Josef (Sepp) Niedermair

Wenn Kerstin und Fritz Weiß über ihre abenteuerlichen Anfänge im Einhorn sprechen, damals vor 30 Jahren, als sie sich an dieses Projekt gewagt haben, dann erkennt man in ihren Gesichtern das damalige Engagement, gegen alle Widerstände das erste Kellerlokal in der Geschichte der Stadt Esslingen zu eröffnen. Das Einhorn in der Heugasse ist ein wahres Schmuckstück der Esslinger Gastronomie geworden. Und nachdem nun zum 15. Januar 2010 der Sohn Moritz-Leander Weiß in der zweiten Generation der „Einhörner" die Gaststätte übernommen hat, ist auch die Zukunft des Einhorns gesichert. Die Geschäftsführung wurde dem erfahrenen Küchenchef Sepp Niedermair und seiner Frau Silvia Grünzinger übertragen.

Auch wenn das Einhorn von außen betrachtet zu den eher unscheinbareren Gebäuden der Altstadt zählt, überrascht es im Inneren umso mehr. Es ist ein Haus voller Geschichte. Das Einhorn steht dabei genau am Übergang einer an der Heugasse immer noch ablesbaren Sozialtopographie der mittelalterlichen Stadt. Der westliche Teil bis zum Alten Rathaus war überwiegend vom städtischen Patriziat bewohnt und weist eine geschlossene und enge Bebauung mit repräsentativen Bürgerhäusern auf. Der östliche Teil der Straße zeigt einen leicht gebogenen Verlauf, die Bebauung ist aufgelockert und kleinteiliger, was auf Handwerker und kleinbürgerliche Schichten als Bewohner hinweist. Das Hauptgebäude des Einhorns, mit der Längsseite zur Wolfgasse, stammt wohl aus der Renaissancezeit. In der Backstub im Parterre konnte 1991 eine bemalte Holzdecke freigelegt und restauriert werden, die ornamentalen Malereien entstanden um 1610. Der gewölbte Steinkeller unter dem Haupthaus reicht sogar ins 13. Jahrhundert zurück. Hier herrschten konstante Temperaturen von 9 bis 11 Grad Celsius, ideale Lagertemperaturen für Wein.

Der Name „Haus zum Einhorn" taucht zum ersten Mal in einem Kaufvertrag von 1671 auf, als am 25. September Johann Gaspart „seine Behausung bei der Weingärtner Zunft, zum Einhorn genannt, [...] sammt allen in dem Keller ligendten Faßen, Ligerling, Eisen, Raiff, Faßwenden und was Wänd und Nagel hält" für 2.200 Gulden an Georg Friedrich Walliser verkaufte. Walliser war Geheimer Rat und Oberumgelter sowie Schwiegersohn des Bürgermeisters Georg Wagner. Von

1696 bis 1729 gehörte das Gebäude dem späteren Bürgermeister Johann Leypoldt und ab 1737 dem Ratsadvokaten Amand Erhard Marchtaler, der 22 Jahre die Geschicke Esslingens als Bürgermeister lenkte. Unter Marchtaler wurde das inzwischen um ein Nachbargebäude der Familie Palm vergrößerte Areal zu einem geschlossenen Anwesen umgebaut, zu dem auch ein Garten gehörte. Nach fast vollständigem Abbruch des Palmschen Hauses wurde ein zunächst einstöckiger Anbau errichtet, der Ende des 18. Jahrhunderts um zwei Fachwerkgeschosse erhöht und mittels eines Walmdaches mit dem Haupthaus verbunden wurde. Das klassizistische Eingangsportal, 1797 datiert, stammt aus dieser Zeit.

1805 erwarb die Stadt das Haus und richtete dort die Stadtschreiberei ein. Im späten 19. Jahrhundert, nachdem es zeitweise auch als Knabenschule diente, war das Einhorn Bäckerei und Wohnhaus. Im Anbau zur Strohstraße gab es eine Remise mit rückwärtiger Ausfahrt, die Backstube mit Laden lag im Haupthaus. Bäckermeister Carl Lang war hier ab 1894 tätig, aus seiner Zeit stammt auch der stattliche Dampfbackofen der Cannstatter Misch- und Knetmaschinen-Fabrik Werner & Pfleiderer. In der Backstub entdeckt man eine dazugehörige gerahmte Planzeichnung, datiert auf den 6. September 1918. Auf Lang folgten die Bäckermeister Karl Weinhard und ab 1954 Gustav Bayha, der 1980 die Bäckereiräume mit Backstube,

Mehlkammer, Schweinestall, Kaufladen und Kohlenkammer sowie den über 700 Jahre alten Gewölbekeller an Fritz und Kerstin Weiß verkaufte.

Behutsam gingen die beiden damals zu Werke und wandelten die alte Bäckerei mit großer Eigenleistung und ohne Zuschüsse der Stadt in eine Weinwirtschaft um. Das Ehepaar Weiß legte Wert darauf, alle wesentlichen historischen Elemente zu bewahren und Verlorenes bzw. Zerstörtes durch alte Materialien zu ersetzen. Sandsteine aus verfallenen Weinbergmauern fanden so den Weg ins Kellergewölbe, alte Türen und Eichenbalken wurden aus zum Abbruch bestimmten Häusern geborgen und eingepasst, Tische und Stühle kamen aus alten Weinwirtschaften. Am 23. März 1983 war es schließlich soweit, nach drei Jahren der Renovierung und Einrichtung der Gaststätte eröffneten sie das Einhorn als erstes Kellerlokal in der Geschichte der Stadt Esslingen. Der alte Hausname Einhorn wurde damit wiederbelebt.

Seitdem ist das Gemäuer des Weinkellers ein beliebter Treffpunkt für Gesellige. Denn an den großen Tischen kann man sich beim Württemberger Wein und einem schwäbischen Essen hervorragend über Gott und die Welt unterhalten. Schon so mancher hat dabei die Zeit vergessen. Das typisch schwäbische Essen wurde von Kerstin Weiß mit viel Liebe und Können zubereitet. Der

Wurstsalat, die Vesperplatten, das Einhorn-Käsbrett und Käsköpfle, die Kässpätzle, die selbstgemachten Maultaschen sind heute noch bei den Stammgästen in bester Erinnerung. Die Öffnungszeiten waren täglich, auch an Sonn- und Feiertagen, von 17.00 Uhr bis Mitternacht. Zur Polizeistunde wurde mit einer Weinbergrätsche zum Aufbruch gemahnt. Der urige, ins Kerzenlicht getauchte Weinkeller ist bei den Gästen sehr beliebt, selbst sitzend auf der uralten Kellertreppe wird das Viertele geschlotzt.

Eine Wiederbelebung erfuhr der „Heilige Vormittag" am 24. Dezember durch Kerstin und Fritz Weiß. Und auch der ehemalige Verkaufsladen der Bäckerei wurde 1985 zu neuem Leben erweckt. Die so entstandene Wein- und Sektlaube entwickelte sich zu dem etwas anderen Treff nach Feierabend. In der warmen Jahreszeit kann man davor im Freien Platz nehmen und das Treiben um sich beobachten. Kesslersekt mit leckerem Lachs, Kaviar, Käse-Häppchen heben die Stimmung und lassen den Stress des Alltags vergessen. In diesem Jahr entstand auch das Zwiebelfest. Kerstin und Fritz Weiß sind Mitbegründer dieser großen Gastronomieveranstaltung, die seither jeweils im August auf dem Esslinger Marktplatz stattfindet.

1991 wurde die Backstub eröffnet und die Küche vergrößert. Kerstin Weiß führte die Küche mit schwäbischen und internationalen Gerichten für alle drei Räumlichkeiten. Beim Betreten der guten Stube, der Backstub, die das Herz der Bäckerei war, taucht man in eine historische Atmosphäre ein, die in Esslingen ihresgleichen sucht. Unter der bemalten Balkendecke von 1610 werden mit Blick auf den mächtigen Backofen die regionalen Gerichte serviert.

2010 wurde das Wein- und Sektstüble zum Einhornstüble erweitert, und zwar im Stil eines Stadls mit original alten Holzschindeln aus Südtirol – genauer gesagt aus dem Vinschgau, der Heimat von Sepp Niedermair, der seit 1975 mit Esslingen verbunden ist. Nach seiner Lehre im Hirsch in Stuttgart-Botnang arbeitete Niedermair im Schiff, im

Schlemmertöpfle, im Marktplatzbesen. 12 Jahre war er in dieser Zeit nicht in Esslingen, doch „Esslingen hat mich aufgenommen, als ob ich nie weg gewesen wäre." Seine bodenständige Küche von hoher Qualität vereint verschiedene Einflüsse. Das Schwäbische natürlich, die selbstgemachten Maultaschen, die Innereien kombiniert Niedermair mit dem Mediterranen und der Küche aus Südtirol und der Schweiz. Die Gewürze, die Kräuter, die Zutaten, man schmeckt den Niedermair-Stil. Und Sepp Niedermair sucht den Kontakt zu den Gästen („Ich geh an jeden Tisch") und folgt dabei einem alten Ratschlag, den er bei seiner Ausbildung hörte: „Das darfst du nie, dich in der Küche verstecken." Niedermairs Küche ist immer auch saisonal: Auf Spargel folgen Pilze, Wild, Schlachtplatten. Drei Empfehlungen des Hauses gibt es mittags, vier am Abend. Silvia Grünzinger dekoriert die Gasträume viermal im Jahr liebevoll um, je nach Jahreszeit. Doch die Einhörner, die man überall entdecken kann, bleiben. Im Volksglauben heißt es, das Horn des Einhorns verfügt über die Fähigkeit, Gifte zu finden und zu neutralisieren. Das Einhorn selbst stand im Mittelalter für die Reinheit und Jungfräulichkeit Mariens. Warum das Esslinger Einhorn seinen Namen einst erhielt, wird wohl im Dunkel der Geschichte bleiben.

Vinschgauer Brotsuppe

Zutaten
für 4 Personen

1 kleine Zwiebel
50 g Butter
1 Scheibe Schüttelbrot
2 Eigelb
1 l Fleischbrühe
Salz, Pfeffer, Petersilie

Schwierigkeitsgrad:
einfach
Zubereitungszeit:
25 Minuten

Zwiebel schälen, klein hacken und in der Butter anrösten. Brühe aufgießen, kurz aufkochen und mit Salz und Pfeffer abschmecken. Die beiden Eigelb dazugeben, nochmals kurz aufkochen. Schüttelbrot in kleine Stücke brechen und zusammen mit der kleingehackten Petersilie in die Suppe geben.

Kalbsleber Tiroler Art

Zutaten
für 4 Personen

4 Scheiben Kalbsleber
4 Scheiben Speck
2 große Kartoffeln
1 Zweig Rosmarin
Öl zum Braten
Mehl zum Bestäuben der Leber
Salz, Pfeffer aus der Mühle

Schwierigkeitsgrad:
einfach
Zubereitungszeit:
35 Minuten

Die Kartoffeln schälen, in dicke Scheiben schneiden und in etwas Öl auf beiden Seiten je nach Dicke der Scheiben 20 bis 30 Minuten braten, salzen und pfeffern.

Die Leber von Sehnen und Häutchen befreien, in Scheiben schneiden und mehlieren. Öl in einer Pfanne erhitzen, Leberscheiben hineingeben und bei mittlerer Hitze auf jeder Seite kurz anbraten. Den Rosmarinzweig, Pfeffer und die Speckscheiben ebenfalls in die Pfanne geben und alles nochmals kurz anbraten. Zum Schluss mit Salz bestreuen. Leber und Speck herausnehmen. Die gebratenen Kartoffelscheiben nochmals kurz in dem verbliebenen Leberfett wenden und alles zusammen anrichten.

Weintipp:
Ein roter Lagrein aus Südtirol

Weiße Kaffeemousse

mit Sauerkirschen

Zutaten
pro Person

150 g weiße Kuvertüre
300 ml Sahne
30 g Kaffeebohnen
35 g Puderzucker
2 Blatt Gelatine
1 Ei
1 Eigelb
Sauerkirschen

Schwierigkeitsgrad:
einfach
Zubereitungszeit:
30 Minuten + 2 Stunden
Kühlzeit

Gelatine in kaltes Wasser einweichen. Kuvertüre hacken. Kaffeebohnen in 100 ml Sahne bei geringer Hitze erwärmen und ca. 20 Minuten ziehen lassen. Die Kaffeebohnen herausnehmen und die Sahne im Wasserbad wieder erwärmen. Gehackte Kuvertüre dazugeben und langsam schmelzen lassen. Gelatine ausdrücken und in der Sahne-Kuvertüremasse auflösen.

Ei, Eigelb und Puderzucker mit dem Mixer luftig-cremig aufschlagen und die Sahne-Kuvertüremasse langsam unterrühren. Kalt werden lassen.

Die restliche Sahne steif schlagen und vorsichtig unter die erkaltete Masse heben. Die Mousse im Kühlschrank ca. 2 Stunden fest werden lassen.

Mousse zusammen mit den Sauerkirschen anrichten.

Weinkeller Einhorn

Schwäbisch-internationale Küche in Esslingens ältestem Kellerlokal

Inhaber: Moritz-Leander Weiß

Heugasse 17 · 73728 Esslingen am Neckar
Telefon 0711 / 35 35 90 · Fax 0711 / 35 91 26
E-Mail info@weinkeller-einhorn.de
www.weinkeller-einhorn.de

Öffnungszeiten

Montag bis Samstag
von 11.30 bis 14.00 Uhr und 17.00 bis 24.00 Uhr

Gut zu wissen

167 Sitzplätze, verteilt auf drei Räume: Weinkeller (72 Plätze), Backstub (55 Plätze) und
Einhornstüble (40 Plätze)
Außenbereich mit 20 Sitzplätzen
Montag bis Freitag Mittagsmenü
Parken: Neckar-Forum, Parkhäuser Marktplatz und Innenstadt

Weinstube Gießele

Durch und durch schwäbisch

Matthias Strähle führt die traditionsreiche Weinstube seit 2005.

Wer Serach hört und in württembergischer Literaturgeschichte bewandert ist, der wird an Alexander Graf von Württemberg (1801–1844) denken und den schwäbischen Dichterkreis, den er in dem bescheidenen Landhaus, dem Schlößle in Serach, um sich scharte. Justinus Kerner, Hermann Kurz, Nikolaus Lenau (mit dem ihn eine besondere Seelenverwandtschaft verband) gehörten dazu, auch Emma Niendorf, Ludwig Uhland und Gustav Schwab. Es waren wenige erfüllte Jahre, von 1828 an, als der Vetter König Wilhelms I. das acht Jahre zuvor vom Esslinger Oberamtsrichter Karl August Georgii erbaute Haus erwarb, bis zu seinem frühen Tode. Serach war für den „tollen Grafen" – der in Esslingen den Oberen Palmschen Bau, das heutige Neue Rathaus, bewohnte – Sommersitz und Ort der Musen auf ganz bürgerliche, direkte Art.

So erinnert sich auch der Schriftsteller Friedrich Wilhelm Hackländer (1816–1877) in seinem posthum erschienenen „Roman meines Lebens" an die Begegnung mit dem Grafen: „In Serach war es außerordentlich gemüthlich, Wirth und Wirthin von einer wohltuenden, ungezwungenen Freundlichkeit. Die nicht zu großen traulichen Zimmer, Waffen und Jagdgeräthschaften an den Wänden und in schmucklosen Rahmen die bekannten Kupferstiche Riedingers, hohe und niedere Jagd betreffend: draußen lagen die mächtigen Hunde des Grafen, oder begleiteten sie ihn in wilden Sprüngen, wenn er uns in Joppe und Jägerhut mit Gemsbart und Spielhahnfeder gegen Eßlingen entgegengeritten kam, dann zeigte er uns sein kleines Anwesen, die Verbesserungen, die er angebracht, neue Pflanzungen, und mit großem Stolze einen Felsblock, den er, mit sammt den Alpenrosen, die auf ihm wuchsen, hatte kommen lassen; beim Mittagessen aber bereitete er einen vortrefflichen Salat, den er aus zwölf bis sechzehn Kräutern und Stauden selbst zusammen gesucht hatte."

Wer aber Serach hört und im Raum Esslingen gerne gut schwäbisch isst, ganzjährlich die Maultaschen schätzt und im November den Gänsebraten, der denkt vermutlich an die Weinstube Eißele und wahrscheinlich auch an Hans Hummel, der hier 27 Jahre lang wirkte. Hans Hummel, der im Februar 2010 im Alter von erst 63 Jahren verstarb, war für viele „der Maultaschen-Papst", einer der bekanntesten Esslinger Wirte, eine feste Größe auf dem Zwiebelfest, das er mit aus der Taufe gehoben hatte, ein echtes Unikat mit einem einfachen Rezept: „Ich koch nur, was ich selber gerne esse." Darum gab es auch bei ihm kein Wild und keinen Gurkensalat, aber als Nachtisch häufig die Diplomatenspeise, eine Art Tiramisu für Schwaben, die er im Hirsch in Strümpfelbach gelernt hatte. Vom Posthörnle ging er ins Café Eißele, das er 1978 übernahm und mit Erfolg als schwäbische Weinstube weiterführte. Hans Hummel wurde nicht nur wegen seiner Kochkünste geschätzt, er konnte auch schwäbisch direkt sein. Einem Gast, dem sein Rostbraten einmal nicht geschmeckt hatte, erwiderte er: „No musch dr halt Zäh' putze."

Seit dem 1. Februar 2005 ist Matthias Strähle Inhaber des Traditionslokals Weinstube Eißele. Der geborene Waiblinger, gelernter Elektrotechniker, entdeckte über Weinfeste sein Interesse für den Winzerberuf und ließ sich ab 1996 als Winzer anlernen. Dann folgten Besenwirtschaften und Weinlokalitäten – schließlich entschied er sich ganz und gar für die Gastronomie. In der Weinstube Eißele setzt Matthias Strähle bewusst auf die Traditionen des Hauses. Acht Wochen lang ging er bei Hans Hummel „in die Lehre", so dass die altbewährten Gerichte in gewohnter Qualität den Weg auf den Teller finden. Besonders gefragt sind Strähles Maultaschen mit hausgemachtem Kartoffelsalat (mittwoch-mittags ist Maultaschentag) oder die Innereien, Saure Kutteln, Leber oder Nierle, Herz und Zunge – „wer macht das noch daheim?" – oder Ochsenschwanzragout am Knochen in dunkler Trollingersoße.

Anfang Oktober beginnt die Gans-Saison und endet erst am 22. Dezember. Spätestens ab dem Martinstag, dem 11. November, wird es dann eng im Eißele. Ein spezielles Gans-Publikum pilgert einmal jährlich mit Freunden, Verwandten oder Geschäftskollegen nach Serach und reserviert lange im Voraus, was auch notwendig ist. Und um die übergroße Nachfrage befriedigen zu können, kam

... und innen, aus dem Album der Familie Eißele 1953

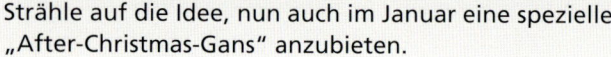
Die neu eröffnete Gaststätte Eißele, außen ...

Strähle auf die Idee, nun auch im Januar eine spezielle „After-Christmas-Gans" anzubieten.

Über eine steile Stiege kommt man ins Lokal, das sich im ersten Stock befindet, so wie das früher häufig der Fall war. Die rustikale Einrichtung stammt zum Teil noch aus den 1950er Jahren. Man entdeckt Fotos von Stammgästen und Sprüche wie „Wer nicht arbeitet, soll wenigstens gut essen" oder „Good food takes time" an den Wänden in der Gaststube verteilt.

Wenn alle am Tisch das Gleiche essen, wie etwa bei der Gans, dann kommen die großen Schüsseln und Platten mit Rotkraut und Knödeln zum Einsatz – „wie bei der Oma im Esszimmer". Und der Leitspruch des Lokals, der einen schon am Wirtshausschild empfängt, lautet: „Essen ist ein Bedürfnis. Genießen eine Kunst." Auch auf guten württembergischen Wein wird im Eißele nach wie vor Wert gelegt. Matthias Strähle freut sich über die Stammgäste, manch einer in dritter, vierter Generation, und die Geschichten, die sie zu erzählen wissen. Einige kennen das Lokal noch aus der Kindheit, als es Lamm hieß. Andere erinnern sich an den ersten Fernseher in Serach. Man ging 1954 zum Eißele und wurde hier Zeuge des spannenden WM-Finales.

Die Hausstelle selbst gehört wohl mit zu den ältesten dieses mittelalterlichen Esslinger Weilers an den Hängen nördlich der Stadt. In Quellen des 18. Jahrhunderts ist von einem kleinen, einstöckigen, alten Haus mit Stall die Rede. Hier lebte bis zu seinem Tod 1798 der Schneider Justinus Bayer. In den 1830er Jahren gehörte das Haus bereits einem Weingärtner. Leonhard Fuchslocher kaufte es 1842, ließ es im Jahr darauf abbrechen und errichtete den jetzt noch bestehenden Bau, der 1848 auf seinen Sohn Carl Wilhelm, ebenfalls Weingärtner, überging. Schon in den Jahren um 1900 unter Karl Alexander Wahler und seiner Frau Pauline, geborene Fuchslocher, konnte man hier einkehren. In den 1930er Jahren betrieb Karl Bader die Wirtschaft „Zum Lamm", 1931 gab es dort sogar eine öffentliche Fernsprechstelle.

Eugen Eißele kaufte das Haus 1938. Er besaß eine Dreschmaschine und betrieb auch ein Fuhrgeschäft. Den Dreschbetrieb hielt er bis 1960 aufrecht, zog auch nach dem Krieg mit seiner Sägemaschine umher und zersägte vor Ort wunschgemäß das Baumholz in Stücke. Am 1. Mai 1951 eröffnete Eugen Eißele eine Gaststätte und ein Café. Beliebt waren die Vierfruchttorten seiner Frau und die „Schäumle", die sonntags gereicht wurden. Im Erdgeschoss wurde ein kleiner Laden mit Lebensmitteln eingerichtet. Seit 1960 hieß das Lokal offiziell „Café Eißele". Auf einem alten Foto des Gastraums aus den 1960er Jahren entdeckt man einen heute überstrichenen, so gar nicht zu einem Café passenden Sinnspruch: „Malz und Hopfen gibt gute Tropfen / u. Wer dies nicht zum Trunk erkoren / bei dem ist Hopfen und Malz verloren".

Maultasche mit Kartoffelsalat

Zutaten
für 4 Personen

... für die Maultaschen (ergibt ca. 15 Stück – nicht benötigte Maultaschen einfrieren):

250 g Nudelteig
250 g gemischtes Hackfleisch
200 g Kalbsbrät
100 g gehackter Tiefkühlspinat
2 altbackene, eingeweichte Brötchen
2 Eier
Salz, Pfeffer, Muskatnuss, Majoran und Petersilie fein gehackt

... für die Schmelze:

2 kleine gewürfelte Zwiebeln
Butterschmalz

... für den Kartoffelsalat:

1 kg Salatkartoffeln (Sieglinde, Annabelle, Belana)
ca. 150 ml Salatöl
ca. 500 ml Fleischbrühe (Instant)
Salz, Pfeffer, wenig Senf, Weißweinessig, einige Spritzer Maggi-Würze

Schwierigkeitsgrad:
mittel
Zubereitungszeit:
3 Stunden

Für den Salat die Kartoffeln in reichlich Salzwasser gar kochen. Nach dem Kochen sofort in kaltes Wasser geben und schälen. In einem Salatsieb mindestens 2 Stunden mit einem Küchentuch abgedeckt ruhen lassen.

Aus Hackfleisch, Kalbsbrät, aufgetautem Spinat, einem Ei und den ausgedrückten Brötchen die Füllung herstellen und mit den Gewürzen abschmecken. Nudelteig ausrollen und der Länge nach in 2 schmale Bahnen teilen.

Die Füllung gleichmäßig flach auf den Teigbahnen verteilen, dabei an den Längsseiten einen Rand von ca. 1 cm frei lassen. Jede Teigbahn der Länge nach zusammenklappen. Den nicht bestrichenen Teil des Teiges mit dem zweiten verrührten Ei bestreichen und zum Verschließen überschlagen. Die Bahnen mit der flachen Hand glattstreichen und mit einem Messer leicht schräg in ca. 5 cm breite Maultaschen teilen. Sofort in kochendes Salzwasser geben. Nach ca. 5 Minuten schwimmen die Maultaschen oben und sind fertig.

Die abgekühlten geschälten Kartoffeln in dünne Scheiben rädeln und mit Salz, Pfeffer, etwas Essig, wenig Senf und dem Salatöl würzen. Nun die Fleischbrühe mit einigen Spritzern Maggi-Würze zum Kochen bringen und nach und nach über die Kartoffeln gießen. Behutsam durchrühren, bis eine leichte Bindung entsteht. Die Fleischbrühe vorsichtig dosieren, da die benötigte Menge von der Aufnahmefähigkeit der Kartoffeln abhängt. Zum Schluss nochmals abschmecken.

Für die Schmelze das Butterschmalz in einer Pfanne erhitzen, die gewürfelten Zwiebeln goldgelb anbraten und über die heißen, abgetropften Maultaschen geben.

Saure Kalbsnierle

Zutaten
für 4 Personen

800 g geputzte Kalbsnierle
(müssen in der Regel
vorbestellt werden)
250 ml Bratenfond
150 ml Sahne
1 kleine Zwiebel
Butterschmalz zum Anbraten
ca. 100 ml Weißwein
mind. 2 EL Orangensaft
mind. 3 EL Weinessig
etwas Speisestärke oder Mehl
Salz, Pfeffer, Paprika (edelsüß),
Currypulver

Schwierigkeitsgrad:
einfach
Zubereitungszeit:
30 Minuten

Die Kalbsnierle waschen, gut trocknen und in kleine Würfel schneiden. Zwiebel ebenfalls würfeln.

Butterschmalz in einer ausreichend großen, tiefen Pfanne erhitzen und die Kalbsnierle darin scharf anbraten.

Dabei wenig wenden, um etwas Farbe zu erhalten. Die Zwiebelwürfel dazugeben und mitbräunen. Mit Salz und Pfeffer abschmecken und mit dem Weißwein ablöschen. Etwas einreduzieren lassen und mit dem Bratenfond auffüllen. Mit etwas Speisestärke oder Mehl leicht binden und mit Sahne, Orangensaft, Paprika und Currypulver würzen.

Zum Schluss einen Schuss Weißweinessig nach eigenem Geschmack dazugeben.

Als Beilage knusprig gebratene Röstkartoffeln oder geschabte Spätzle, und der Schwabe ist glücklich!

Weintipp:
Ein trockener Württemberger
Trollinger

Diplomatenspeise (Bayerische Creme)

Zutaten
für 4 Personen

2 Eigelb
30 g Zucker
Mark einer Vanilleschote
125 ml heiße Milch
2–3 Blatt Gelatine (je nach Jahreszeit)
250 ml Schlagsahne
2 EL Kirschwasser
Cognac, Biskuit oder Löffelbiskuits, Walnusseis, Eierlikör

Schwierigkeitsgrad:
mittel
Zubereitungszeit:
1 Stunde + 3 Stunden Ruhezeit

Gelatine nach Packungsanweisung einweichen. Die Eigelb mit Zucker und Vanillemark schaumig schlagen. Nach und nach die heiße Milch unterrühren. Die Gelatine ausdrücken und zugeben. Die Masse im kalten Wasserbad weiterschlagen, bis sie vollkommen erkaltet ist.

Schlagsahne steif schlagen und zusammen mit dem Kirschwasser unter die Eiermasse heben.

In einer Glasschüssel den Biskuit auf dem Boden verteilen und mit dem Cognac leicht tränken. Mit der Creme bedecken, eine zweite Schicht Biskuit darauf verteilen und auch diese mit Cognac tränken. Restliche Creme daraufgeben und abgedeckt 3 Stunden kalt stellen.

Zum Anrichten mit einem Löffel dünne Scheiben aus der fertigen Creme ausstechen und schichtweise versetzt auf die Teller geben. Mit jeweils einer Kugel Walnusseis und Eierlikör garnieren.

Weinstube Eißele

Schwäbische Küche mit langer Tradition

Inhaber: Matthias Strähle

Seracher Straße 117 · 73732 Esslingen am Neckar
Telefon 0711 / 37 70 00 · Fax 0711 / 3 00 18 04
E-Mail weinstube-eissele@gmx.de

Öffnungszeiten

Montag bis Freitag
von 12.00 bis 14.00 Uhr und 18.00 bis 23.00 Uhr

Gut zu wissen

56–65 Sitzplätze

Goldenes Fäßle

Schwäbisch schlemmen in der ehemaligen Limonadenfabrikation

Frank Wurm ist Gastwirt in dritter Generation.

Dem „Goldenen Fäßle" sieht man sein wahres Alter nicht mehr an. Immer wieder wurde das kleine, wohl aus dem 17. Jahrhundert stammende Gebäude in der Heugasse, das einst vermutlich landwirtschaftlich genutzt wurde, dem Wandel der Zeit angepasst. Unter der heutigen Gaststätte gibt es noch einen großen Gewölbekeller, im ersten Stock befanden sich früher die Wohn- und Schlafräume, darüber die zweistöckige Bühne. Der alte Konsolstein, den man an der Gassenseite entdeckt, ist auf das Jahr 1531 datiert. Er stammt vermutlich von einem Brunnen oder auch Ofen und war noch nicht an der Wand montiert, als der Küfermeister Otto Laible 1935 das Haus erwarb und in den nächsten Jahren seine Werkstatt im Erdgeschoss um- und ausbaute. Neben Wein- stellte er auch Mostfässer her und vermostete in jedem Herbst selbst große Mengen Äpfel zum Verkauf. Daneben betrieb er eine Weinhandlung. Ab 1950 kam eine kleine Sprudelfabrikation im Hintergebäude hinzu. In den Sommermonaten wurden täglich bis zu 1.000 Flaschen Orangen- und Zitronenlimonade hergestellt.

Nachdem die traditionellen Holzfässer immer mehr von Stahltanks ersetzt wurden und auch die Nachfrage nach Apfelmost zurückging, entschloss sich Otto Laible, mit seiner Frau Emma eine Schankwirtschaft zu eröffnen. Die ehemalige Holz- und Küferwerkstatt wich 1954 einem überschaubaren Wirtschaftsraum mit rund 27 Quadratmetern nebst kleiner Küche. Die Schankwirtschaft „Zum Goldenen Faß" sollte sich zu einem Treffpunkt für Wein- und Mostliebhaber entwickeln. Denn dem Most blieb die Familie Laible immer treu. Nach und nach wurden auch kleinere Speisen angeboten. Nach dem Tod Otto Laibles 1973 wurde die Gaststätte verpachtet, in den 1980er Jahren von der Tochter Hilde Schmid und ihrem Ehemann umgebaut und neugestaltet. Der Gastraum bekam ein Stuckgewölbe und Deckenmalereien, mit Meerweibchen, Blumenornamenten und Binokelkarten vom Künstler Hermann Wolpert ausgeführt.

Frank Wurm übernahm das Goldene Fäßle zum 1. April 1988 und betreibt es heute zusammen mit seiner Frau Bärbel, und auch die beiden Töchter helfen mit. Frank Wurm hat das Leben als Gastwirt von der Kindheit an kennengelernt, denn seine Eltern und Großeltern betrieben die „Linde" in Esslingen-Rüdern. Die Ausbildung zum Koch erfolgte in der Gaststätte Alt-Württemberg in Fellbach (Schwabenlandhalle), dann arbeitete er bei den Eltern. Einmal kam ein Stammgast und sagte: „Mein Pächter hört auf, würdest du dir das zutrauen?" Und er traute sich. So kam Frank Wurm nach Esslingen ins Goldene Fäßle und konnte dessen Ruf als schwäbische Weinstube mit typischer, jedoch mit Anspruch gekochter schwäbischer Küche erfolgreich ausbauen. Das zeigen auch die vielen Stammgäste, die nicht nur ihre Klassiker wie Rostbraten, Kutteln in Trollingersoße oder Rahmkässpätzle bestellen, sondern sich von Frank Wurm auch durch die jeweilige Saison mit Bärlauch, Spargel, Erdbeeren, Pfifferlingen und Wild führen lassen. Natürlich sind die Soßen und Dressings selbst gemacht, ebenso die Maultaschen. Im Sommer kam bald ein kleiner Außenbereich hinzu. Und 1998 wurde die Gaststätte um einen Nebenraum erweitert.

Die ehemalige Doppelgarage wurde im Stil des Hauptgastraumes mit Stuckgewölbe und Malereien versehen, und so hat man tatsächlich den Eindruck, sich in einem historischen Raum zu befinden. Auch die Küche konnte vergrößert werden.

Im Mittelpunkt steht für Frank Wurm stets der Gast und der persönliche Kontakt, den er mit ihm sucht. So entsteht dann auch mal etwas, das nicht auf der Karte steht, ein Lieblings-Dessert zum Beispiel. Und auch internationale Gerichte kocht Frank Wurm gerne.

Dass das Goldene Fäßle nicht nur bei den Esslingern hoch im Kurs steht, zeigt ein Blick ins Gästebuch. Mit einem „Dank für die köstlichen Maultaschen!" hat sich Alice Schwarzer dort verewigt. Jehan as-Sadat, die politisch engagierte Witwe des ägyptischen Präsidenten, wurde nach der Verleihung des 1995 erstmals von der Stadt Esslingen vergebenen Theodor-Haecker-Preises, einem internationalen Menschenrechtspreis für besonderen politischen Mut und Aufrichtigkeit, ebenso ins Goldene Fäßle eingeladen wie zuletzt im Jahr 2009 Kitwe Mulunda Gay, der aus der demokratischen Republik Kongo stammende Menschenrechtler. Für diese Menschen zu kochen und

ihnen einen schönen Abend zu bereiten – das empfindet Frank Wurm als besondere Ehre.

Das Goldene Fäßle ist beim Erdbeerfest vertreten, bietet Catering und ist auch an verkaufsoffenen Sonntagen mit von der Partie. Jüngstes Projekt von Frank Wurm ist ein „Schwäbischer Imbiss" mit deutlichem Maultaschenschwerpunkt, der im Sommer 2010 in der Heugasse 10 (Ecke Strohstraße) eröffnet wurde.

Wer im Goldenen Fäßle ankommt, kann die Seele baumeln lassen. „Gott schuf die Zeit, von Eile hat er nichts gesagt" ist ein Sinnspruch, den man an der Wand entdecken kann. Zum Genuss gehört neben dem, was auf dem Teller liegt, in einer Weinstube vor allem auch das, was im Glas leuchtet. Die Weinkarte ist hauptsächlich deutsch mit Schwerpunkt auf württembergischen und regionalen, ja Esslinger Weinen ausgewählter Anbieter, was bei einer schwäbischen Weinstube natürlich auch Ehrensache ist.

Feldsalat mit Speckwürfeln und Kartoffeldressing

Zutaten
für 4 Personen

150 g Feldsalat
250 g vorwiegend festkochende
Kartoffeln
80 g Bauchspeck
40 ml weißer Balsamico
40 ml Rapsöl
ca. 125 ml Gemüsebrühe
2 EL Crème fraîche
1 EL mittelscharfer Senf
1 EL Honig
Salz, Pfeffer
Muskatnuss
ca. ½ Bund Schnittlauch

Schwierigkeitsgrad:
einfach
Zubereitungszeit:
35 Minuten

Kartoffeln schälen und in Salzwasser ca. 25 Minuten gar kochen. Feldsalat waschen und Wurzeln entfernen. Schnittlauch in feine Röllchen schneiden.

Die garen Kartoffeln abschütten, ausdampfen lassen und durch eine Püreepresse in eine Schüssel drücken. Essig, Öl, Senf und Honig zu dem Püree geben und alles glattrühren. Mit Salz, Pfeffer und Muskatnuss würzen. Crème fraîche unterrühren und mit Gemüsebrühe nach Wunsch verdünnen. Nochmals abschmecken.

Speck würfeln und in einer Pfanne kross anbraten.

Das Kartoffeldressing löffelweise über den Salat geben, Speckwürfel und Schnittlauchröllchen darüber streuen und sofort servieren.

Zutaten
für 4 Personen

4 Hähnchenbrustfilets à 150 g
30 g Butter
450 ml Geflügelfond
1 EL Speisestärke
150 ml Sahne
2 cl Sherry medium
2 cl Noilly Prat
2 EL rosa Pfefferkörner
Chilifäden
Salz, Peffer

500 g feine Bandnudeln
1 EL Butter

Schwierigkeitsgrad:
einfach
Zubereitungszeit:
25 Minuten

Hähnchenbrust mit rosa Pfeffersoße
und feinen Bandnudeln

Hähnchenbrustfilets salzen, pfeffern und in der Butter ca. 8 bis 10 Minuten anbraten. Aus der Pfanne nehmen und im vorgeheizten Backofen abgedeckt warm halten.

Speisestärke mit 50 ml Geflügelfond glattrühren.

Den Bratensatz in der Pfanne mit dem restlichen Geflügelfond ablöschen und 2 Minuten einkochen. Etwas Sherry und Noilly Prat dazugeben. Mit der Sahne auffüllen und nochmals aufkochen lassen. 1 EL Pfefferkörner einstreuen und mit der angerührten Speisestärke abbinden, bis die gewünschte Konsistenz erreicht ist.

Nudeln kochen, abschütten und Butter unterheben.

Hähnchenbrust mit den Nudeln und der Soße anrichten. Mit den restlichen Pfefferkörnern und den Chilifäden dekorieren.

Weintipp:
Ein trockener Riesling oder Schillerwein

Ofenschlupfer mit warmer Vanillesoße

Zutaten
für 4 Personen

... für den Ofenschlupfer:

4 altbackene Tafelbrötchen
3 mittelgroße Äpfel
4 cl Berentzen Winterapfel
2 EL Rosinen
2 EL Mandeln
2 Päckchen Vanillezucker
250 ml Milch
4 Eier
Butter zum Fetten der Form

... für die Vanillesoße:

1 Vanilleschote
½ l Milch
6 Eigelb
1 TL Speisestärke
100 g Zucker
2 Päckchen Vanillezucker

Schwierigkeitsgrad:
einfach
Zubereitungszeit:
40 Minuten

Für den Ofenschlupfer die Brötchen in Scheiben schneiden. Äpfel schälen, vierteln, in Spalten schneiden und in Berentzen Winterapfel marinieren.

Milch, Eier und Vanillezucker verquirlen. Auflaufform fetten, Brötchenscheiben, Apfelspalten, Rosinen und Mandeln schichtweise im Wechsel in die Form geben. Die Brötchenscheiben bilden dabei die oberste und die unterste Schicht. Milch-Eiermasse darübergießen. Wichtig: Die Brötchen müssen vollständig bedeckt sein.

Backofen auf 160°C vorheizen. Ofenschlupfer mit Alufolie abdecken und 30 Minuten backen. Alufolie abnehmen und den Ofenschlupfer weitere 5 Minuten backen.

Für die Vanillesoße die Vanilleschote aufschneiden, mit der Milch verrühren, aufkochen und 10 Minuten ziehen lassen.

Eigelb mit Speisestärke, Zucker und Vanillezucker im Wasserbad (80°C) cremig rühren.

Vanilleschote aus der Milch nehmen, auskratzen und das Mark in die Ei-Zuckermasse geben. Dann die warme Milch nach und nach dazugeben und alles zusammen im Wasserbad so lange vorsichtig aufschlagen, bis die gewünschte cremige Konsistenz erreicht ist („zur Rose abziehen").

Goldenes Fäßle

Restaurant und Weinstube

Inhaber: Frank und Bärbel Wurm

Heugasse 27 · 73728 Esslingen am Neckar
Telefon und Fax 0711 / 35 71 26
E-Mail info@goldenes-faessle.com
www.goldenes-faessle.com

Öffnungszeiten

Dienstag bis Freitag von 12.00 bis 14.00 Uhr
Montag bis Samstag von 18.00 bis 24.00 Uhr
Für Gruppen auch gerne außerhalb der Öffnungszeiten

Gut zu wissen

50 Sitzplätze (verteilt auf 2 Räume)
Außenbereich mit 20 Sitzplätzen
Mittagstisch: Dienstag bis Freitag von 12.00 bis 14.00 Uhr
Parken: Die Tiefgarage des Best-Western-Hotels liegt 2 Gehminuten entfernt

Catering auf Anfrage

Karmeliter

(Nicht nur) von Esslingens Studenten heiß geliebt

Im Karmeliter wird bodenständig gekocht.

„Ab ins Karmes!" heißt es nicht nur beim Kandelmarsch, wenn die Esslinger Studenten ihren Abschluss feiern, oder beim „Heiligen Vormittag", an dem sich der Karmeliter seit den Anfängen beteiligt – die „urige Kneipe am Wolfstor" ist seit Jahrzehnten ein Begriff unter den Esslingern. Und zum Karmeliter gehört als Institution für sich der „Roger", der es vom Tellerwäscher zum Besitzer von Haus und Gaststätte gebracht hat.

Der Name Karmeliter verweist auf ein nach der Reformation 1556 profaniertes und von der Stadt übernommenes Kloster, dessen Kirche 1638 einstürzte. 1271/81 war das Karmeliterkloster in der sich gerade entwickelnden Obertorvorstadt als letztes der sechs Esslinger Bettelordensklöster gegründet worden. Durch das Wolfstor, dem ältesten erhaltenen Torturm der Stadt, 1268 erstmals als „Oberes Tor" erwähnt, zog die alte Handelsstraße von Speyer nach Ulm. Diese bildete die Hauptstraße der Obertorvorstadt, in der hauptsächlich Handwerker und Krämer lebten. Die ehemaligen Klausurgebäude des Klosters wurden nach 1752 abgebrochen. Auch wenn man es dem Karmeliter selbst nicht ansieht, das Gebäude war Teil der Klosteranlage. Wie eine Jahresringdatierung ergab, wurde das breit gelagerte, giebelständige Fachwerkgebäude spätestens 1441/42 errichtet. Der markante Schopfwalm am Straßengiebel folgte 1552/53.

Im Jahr 1888 wurde das Haus durch die Esslinger Architekten August Metzger und Albert Brintzinger im Neorenaissancestil von Grund auf umgestaltet. Die damals entstandene Fassade verbirgt das Fachwerk unter Putz. Das Gebäude befand sich nun im Besitz des Bierbrauers Wilhelm Beutel, der die Karmeliterbrauerei gründete. Von 1899 bis 1906 hieß das Lokal auch offiziell „Zum Karmeliterbräu", in dieser Zeit wurde das Bier hier noch selbst gebraut. Am 21. April 1906 wurde die Gaststätte von der Württembergisch Hohenzollerschen Brauereigesellschaft Stuttgart übernommen, die seit 1935 als Stuttgarter Hofbräu AG firmiert. Bis November 2009, als Rüdiger Bartl das Haus kaufte, blieb Stuttgarter Hofbräu Eigentümer des Karmeliter.

Bis in die Mitte der 1970er Jahre war der Karmeliter unter dem Pächter Röcker als gutbürgerliches Speiselokal bekannt und wurde gerne für Familienfeiern, Konfirmationen und Hochzeiten genutzt. Ende der 1960er, Anfang der 1970er Jahre verändert sich das Umfeld des Karmeliter, die beiden alten Nachbargebäude zur Kiesstraße, die für den Altstadtring ausgebaut wurde, wurden abgerissen. Ein Teil des Geländes kam dem Karmeliter bis Ende der 1980er Jahre als kostenloser Parkplatz zugute. Immer mehr Studenten kamen und hatten andere Bedürfnisse. Der Pächter wechselte, es folgte ein Jugoslawe. Die Getränke wurden wichtiger, das Essen preisgünstiger. Auch als Motorradkneipe war der Karmeliter eine Zeitlang „in", einige Foto-

sessions für Motorrad-
zeitschriften fanden
hier statt. Aus dem
Karmeliter wurde
eine Bierschwemme.
Diese Entwicklung hat
Rüdiger „Roger" Bartl
selbst erlebt, bevor
er 1984 endgültig
das Ruder als Pächter
übernahm.

Der Roger war 1976
nach Esslingen ge-
kommen. Er stammt
aus Braunschweig, ist
gelernter Elektrotech-
niker und arbeitete
zunächst als Zivilan-
gestellter bei den
Amerikanern. Anfang

1977 zog er mit einem Kumpel in die freie Pächterwohnung im Karmeliter und ließ sich unten immer wieder mal als Gast sehen. Bei einer Konfirmation war einmal Not am Mann, er half aus: Geschirrspülen, Salatputzen. Irgendwann fiel jemand ganz aus, und Roger rutschte immer mehr in die Sache rein, die ihm größeren Spaß bereitete als der Job bei den Amerikanern. Kurzzeitig

schon mal Geschäftsführer, stand er ab 1984 erneut vor der Frage: Was wird aus dem Karmeliter? Er suchte den Mittelweg zwischen Bierschwemme und gutbürgerlicher Küche. So entwickelte sich das heutige Lokal mit seiner ganz eigenen Atmosphäre zwischen Bierpub, Studentenkneipe und soziokulturellem Zentrum, in dem man eben auch bodenständig, mit schwäbischem Einschlag zu moderaten Preisen essen kann.

Hier verkehren Junge und Junggebliebene auf ein oder mehrere Biere. Am Stammtisch können bis zu 12 Personen selbst ihr Bier zapfen, der aktuelle und nach Verbrauch gestaffelte Preis erscheint auf einem Display. Mittags findet man im Karmeliter Leute im Blaumann genauso wie Professoren der nahen Hochschule. Es gibt Speisen für den kleinen und großen Hunger, tatsächlich frisch zubereitet, und nicht weniges – wie die Spätzle – aus eigener Herstellung. Jeden Wochentag bietet Roger Bartl, der laut eigener Aussage den gebackenen Camembert in die Esslinger Gastronomie einführte, ein Gericht unter 5 Euro an. Sonntags gibt es das Megaschnitzel. Bis 17 Uhr erhalten Schüler und Studenten Rabatt auf Speisen und alkoholfreie Getränke.

Selfmade-Gastronom Roger mit Jasmin (im Hintergrund) und Tochter Christina.

Das Lokal muss man wirklich gesehen haben, und überall gibt es etwas zu entdecken: Aufkleber, Postkarten aus verschiedenen Ländern, alte Fotografien mit Flohmarktqualität in Rahmen. Im Raucherraum fallen neben der an den Wänden angeklebten Kunst auf Vinylplatten vor allem die vielen Werke im Stil der 1970er Jahre auf. Sie stammen von Rogers älterer Schwester Edith Eichner, die in den USA lebt, und tragen Titel wie „Firetree" oder „Halloweentree". Wer den großen Nebenraum betritt, kann nicht sagen, er wurde nicht – selbstironisch – gewarnt: „Achtung! Freilaufende Raucher!" heißt es groß über der Zugangstür. Roger Bartl machte sich im Sommer 2007 als Vorkämpfer gegen das Nichtraucherschutzgesetz stark, indem er eine Sammelklage initiierte. Zahlreiche Esslinger Gaststätten- und Kneipenbetreiber gaben damals ihre Unterschriften, Roger Bartl kam in die Presse.

Was gehört noch zum Karmeliter? Das kleine Spielzimmer mit altem Flipper, Dart und Tischfußball ist zu nennen, auch Brettspiele warten auf ihren Einsatz. Die aus Bartls Heimat Braunschweig stammende Altbierbowle mit Erdbeeren. Der Biergarten hinterm Haus, wo man es sich im Sommer unter dem Laub einer uralten Kastanie gutgehen lassen kann. 1993 wurde der Biergarten im Zuge des Neubaus der Fachhochschule für Technik Esslingen (FHTE) und der Karmeliterpassage auf doppelter Fläche neu mit Ausschanktheke angelegt. Die Party- und Kneipennächte, bei denen es, teils mit DJ, teils mit Livemuik, schon mal heiß hergehen kann und auch Tische zur Tanzfläche werden. Und natürlich die ganz besondere Musikbox mit Hightech-Innenleben, die Roger Bartl, Erfinder vor dem Herrn, selbst entwickelte und seit 1996 sogar in Kleinserie vertreibt. Per Touchscreen kann man kostenlos aus 13.000 Titeln, die als MP3 gespeichert sind, den richtigen Song wählen. Wird keiner ausgesucht, spielt die Software per Zufall einen Titel ab. Und schließlich Roger Bartl selbst, ein eigener Typ, der mit seinen Gästen meist gleich auf Du und Du steht. „Ab ins Karmes!"

Gebackener Schafskäse

Zutaten
für 4 Personen

600 g Schafskäse
2 Eier
Mehl, Semmelbrösel
Wildpreiselbeeren
Öl zum Braten

Schwierigkeitsgrad:
einfach
Zubereitungzeit:
20 Minuten

Schafskäse in vier ca. 1 cm dicke Scheiben schneiden und leicht anfeuchten. Die beiden Eier verquirlen.

Käsescheiben zuerst im Mehl, dann in den verquirlten Eiern und zum Schluss in den Semmelbröseln panieren.

In einer Pfanne reichlich Öl erhitzen und den Käse von beiden Seiten goldgelb anbraten.

Mit jeweils einem gehäuften EL Preiselbeeren anrichten.

Getreidebratlinge mit Salat

Weizenschrot über Nacht in Wasser einweichen.

Zwiebel schälen und klein hacken. Karotte, Zucchini und Kohlrabi waschen und fein reiben. Petersilie fein hacken. Alles zusammen in die Schüssel mit dem eingeweichten Weizenschrot geben.

Knoblauchzehe schälen, zerdrücken und gemeinsam mit dem Ei dazugeben. Mit Salz, Pfeffer und der Gemüsebrühe würzen und zu einem Teig verarbeiten. Nach und nach etwas Paniermehl unterheben, so dass ein klebriger Teig entsteht.

Fett in einer Pfanne erhitzen. Aus dem Teig ca. 1 cm dicke Küchle formen und bei niedriger Hitze von beiden Seiten goldbraun ausbacken. Das dauert pro Seite ca. 10 Minuten.

Tipp:
Wer keine Getreidemühle hat, kann sich den Weizen im Reformhaus zu Schrot mahlen lassen.

Pfannkuchen (Crêpes)

mit Preiselbeeren

Zutaten
für 4 Personen

125 g Mehl
250 ml Milch
2 Eier
1 EL Öl
Salz
Wildpreiselbeeren
Puderzucker
Öl zum Ausbacken

Schwierigkeitsgrad:
einfach
Zubereitungszeit:
20 Minuten

Eier, Milch, Mehl, eine Prise Salz und Öl zu einem glatten Teig verrühren.

In einer beschichteten Pfanne Öl erhitzen. Mit einer Schöpfkelle etwas Teig hineingießen und gleichmäßig verteilen. Sobald der Teig Blasen wirft, den Pfannkuchen wenden. Auf jeden Pfannkuchen 1 EL Preiselbeeren streichen und fertig ausbacken.

Pfannkuchen so falten, dass ein Dreieck entsteht. Auf vorgewärmten Tellern anrichten und mit etwas Puderzucker bestäuben.

Karmeliter

Die urige Kneipe am Wolfstor

Inhaber: Roger Bartl

Obertorstraße 8 · 73728 Esslingen am Neckar
Telefon 0711 / 35 61 28
E-Mail info@karmeliter.de
www.karmeliter.de

Öffnungszeiten

täglich ab 11.00 Uhr
Sonn- und Feiertags ab 16.00 Uhr

Gut zu wissen

100 Sitzplätze
Außenbereich mit 90 Plätzen
Mittagstisch

Palmscher Bau

Schwäbische Gemütlichkeit, wo einst der Adel residierte

Küchenchef Claus Schmid

Seit drei Jahrhunderten ziert der Untere Palmsche Bau den nördlichen Beginn der Inneren Brücke. Nach dem verheerenden Stadtbrand vom 25. auf den 26. Oktober 1701 ließ Jonathan Palm hier auf vier ehemaligen Hausparzellen ein repräsentatives, dreistöckiges Stadtpalais im Stil des Barock errichten. Die Pläne dazu lieferten Johann Jakob Börel und Peter Jochum. 1708 begannen die Bauarbeiten, 1711 waren sie beendet. Es entstand dabei das damals größte und am aufwendigsten gestaltete private Wohnhaus der Reichsstadt. Auffällig ist das von zwei dorischen Säulen gerahmte Portal und der darüber liegende Balkon – typische Herrschaftsmotive, die für Bürgerhäuser nicht üblich waren. Der Bauherr demonstrierte damit den gesellschaftlichen Aufstieg seiner Familie am kaiserlichen Hof in Wien.

1631 war Johann Heinrich Palm, der Großvater des Bauherrn, aus Schorndorf nach Esslingen gekommen, hatte dort das Bürgerrecht erworben und in die Oberschicht eingeheiratet. Johann David, der Bruder Jonathans, machte am Wiener Kaiserhof Karriere und zeichnete sich während des Großen Türkenkrieges 1683 bis 1699 als geschickter Finanzier und Organisator aus. Er rettete die ungarische Königskrone vor den vor Wien stehenden Türken nach Linz und wurde 1711 für seine Verdienste mit der Reichsritterwürde ausgezeichnet. Zusammen mit seinen ebenfalls in den Adelsstand erhobenen Brüdern Franz und Jonathan war er über Jahrzehnte erfolgreich im Bankgeschäft und als kaiserlicher Hofjuwelier tätig. Als sich 1719 ein Teil der Familie endgültig wieder in Esslingen im Palmschen Bau niederließ, war die Obrigkeit der chronisch verschuldeten Stadt froh über den Zuzug der vermögenden Freiherrn, auch wenn die später der Stadt gewährten Kredite nicht so hoch ausfielen wie erhofft. Die Palmsche Dienerschaft durfte manches, was den anderen Bürgern verboten war. So etwa bis tief in die Nacht laut zum Tanz aufspielen, wie man im Ratsprotokoll von 1751 nachlesen kann. Offensichtlich fürchtete der Rat bei Restriktionen um die Gunst der Freiherren von Palm. Von der alten Herrlichkeit ist im Inneren durch die späteren Nutzungen nicht viel geblieben. Das große, nicht für die Öffentlichkeit zugängliche Treppenhaus mit seinen originalen Brüstungsgittern lässt den Glanz vergangener Tage erahnen. Die dreiflügelige Anlage öffnet sich zum ehemaligen Lustgarten, der sich an die hochmittelalterliche Stadtmauer anlehnt. Heute trifft man sich hier im Sommerhalbjahr unter dem Blätterdach prächtiger alter Kastanienbäume im Biergarten des Palmschen Baus mit Blick auf den vorbeifließenden Rossneckar. Wer genau hinsieht, entdeckt am Gebäude gegenüber eine Figurennische, die dazugehörige Figur ist lange verschwunden.

Bevor der Palmsche Bau eine der Traditionsgaststätten Esslingens wurde, die weit über die Region bekannt ist, war hier über Jahrzehnte die Thurn- und Taxische Postverwaltung untergebracht. Was für ein Leben und Treiben muss damals in und um das Gebäude geherrscht haben. 1862 schließlich erteilte der Gemeinderat der Stadt die „dingliche Schildwirtschaftsgerechtigkeit". Das Erdgeschoss wurde im Inneren mehrfach dem Wechsel der Anforderungen angepasst. Und natürlich gab es in den letzten 150 Jahren manches Auf und Ab. Bald nach 1900 übernahm die Stuttgarter Robert Leicht AG Schwabenbräu das Gebäude und betrieb es mit verschiedenen Pächterfamilien. Unmittelbar nach dem Zweiten Weltkrieg war in den Gasträumen auch ein PX-Handelsgeschäft für die amerikanischen Besatzungstruppen untergebracht.

Der Palmsche Bau war über Jahrzehnte ein Stammlokal der Esslinger, und immer wieder hat Frank Jehle, der heutige Pächter, Begegnungen mit ehemaligen Esslingern, die es nach Übersee verschlagen hat und die sich an Geburtstagsfeiern oder ihre Konfirmation im Palmschen Bau erinnern oder die einst in den Wohnungen über dem Lokal gelebt haben. Einmal, es wird 1990 gewesen sein, kam ein besonderer Gast und sagte „Ich bin der Freiherr von Palm". Was Jehle zunächst für einen Scherz hielt. Doch dann war bald klar, er hatte einen Nachfahren der berühmten Familie vor sich. Der Freiherr wollte seine Hochzeit feiern, und so geschah es dann auch, mit Jagdhornbläsern und den Gästen in Tracht.

Die Tradition eines solchen Lokales zu pflegen und behutsam weiterzuentwickeln, darin sieht Frank Jehle seine Hauptaufgabe. Man kann kaum glauben, dass der geprüfte Restaurantmeister seit einem Vierteljahrhundert mit dem Palmschen Bau verbunden ist. Als Page im Steigenberger Hotel Graf Zeppelin in Stuttgart fing für den aus alter Esslinger Familie stammenden, in der Gastronomie großgewordenen Frank Jehle der Berufsweg an. Als junger Mann erlebte er während seiner Ausbildung Staatsempfänge im Ludwigsburger Schloss, überhaupt war und ist der Kontakt mit Menschen, mit dem Gast das Interessanteste an seinem Beruf. Es folgten Wanderjahre im Hotel am Schlossgarten bei Wilfried Schrader und im SI Hotel Pullmann Fontana, jeweils in Stuttgart.

1984 wurde Frank Jehle als Betriebsleiter für die Robert Leicht AG Schwabenbräu, Bereich Restaurationen, auch zuständig für den Palmschen Bau in Esslingen. Fünf Jahre später übernahm er die Leitung des Palmschen Baus in Eigenverantwortung. Er ließ das Innere verändern, versah die rustikalen, mit viel Holz verkleideten Stuben mit thematischen Dekorationen und gab ihnen traditionsreiche Namen: Schwabenbräu-Stube, Postmichel-Stube, Freiherr-von-Palm-Stube. In der Kessler-Stube finden sich zum Beispiel Originalplakate der ältesten Sektkellerei Deutschlands, in der Postmichel-Stube Abbildungen des nahen Postmichel-Brunnens, in der Freiherr-von-Palm-Stube, die heute den

rauchenden Gästen dient, alte Ansichten des Gebäudes. Viele Details gibt es zu entdecken. Und sie allesamt verströmen das Ambiente, für das der Palmsche Bau im Besonderen steht: schwäbische Gemütlichkeit. Aufgrund der großen Räume ist das zentral in der Altstadt Esslingens gelegene Lokal beliebt bei Gruppen aller Art.

Dass ein Schwerpunkt auf schwäbisch-regionaler Küche liegt, verwundert nicht. Der Küchenchef kocht regional und saisonal, aber nicht ausschließlich, wie die Extra-Steak-Karte belegt. Es gibt natürlich ein Esslinger Schwaben-menü, selbstgemachte Maultaschen und Spätzle und neben frisch gezapftem Bier hauptsächlich regionale Weine von der Weingärtnergenossenschaft Esslingen mit Namen wie „Glockenspiel", „Faifegrädler" und „Staffelsteiger" sowie „Postmichel" und selbstverständlich Kessler-Sekt. Frank Jehle, der im Palmschen Bau auch seine Frau kennenlernte, mit der er parallel zur Übernahme des Geschäftes eine eigene Familie gründete, identifiziert sich mit seiner Stadt und insbesondere mit seinem traditionsreichen Lokal, seit Jahren ist er als Geschäftsführer des Esslinger Zwiebelfestes aktiv.

Festtagssuppe mit Siedfleisch,
Kräuterflädle und Grießklößchen

Zutaten
für 4 Personen

... für die Fleischbrühe:

2 Rinderbeinscheiben oder
500 g Ochsenbrust
½ Stange Lauch
2 Karotten
½ Knolle Sellerie
Liebstöckel, Petersilie, Lorbeerblätter, Wacholderbeeren, Salz,
Pfeffer aus der Mühle

... für die Kräuterflädle:

100 g Mehl
150 ml Milch
1 Ei
Butterschmalz zum Ausbacken
Salz, Muskatnuss
Schnittlauch und Petersilie fein
geschnitten

... für die Grießklößchen:

250 ml Milch
50 g Grieß
1 Ei
1 Eigelb
Salz, Muskatnuss, gehackte
Petersilie

Schwierigkeitsgrad:
mittel
Zubereitungszeit:
2½ Stunden

Für die Brühe das gewaschene Fleisch, das geputzte, zer-kleinerte Gemüse und die Kräuter mit 2–3 l kaltem Wasser ansetzen und 2 Stunden kochen lassen. Durch ein Sieb pas-sieren und abschmecken. Das Fleisch beiseite stellen.

Für die Kräuterflädle die Milch und das Ei gut verrühren. Mehl unterheben, Kräuter und Gewürze dazugeben und einen glatten Teig herstellen. Die Flädle in heißem Butter-schmalz von beiden Seiten goldbraun ausbacken. Abküh-len lassen und in feine Streifen schneiden.

Für die Grießklößchen die Milch in einem kleinen Topf aufkochen und unter ständigem Rühren nach und nach den Grieß dazugeben. Den Topf vom Herd nehmen und die Masse abkühlen lassen. Dann Ei, Eigelb, Gewürze und Kräuter unterheben. Mit zwei Kaf-feelöffeln kleine Klößchen abstechen und in kochendem Salzwasser ca. 10 bis 15 Minuten garen.

In der Zwischenzeit das Siedfleisch in feine Würfel schnei-den. Die Fleischbrühe wieder erhitzen und alle Zutaten in die Suppe geben.

800 g magerer Schweinerücken
oder Schweinelachse
2 Eier
1 Zitrone
Fett zum Fritieren
Mehl, Paniermehl
Salz, Pfeffer

... für die Spätzle:

500 g Mehl
6 Eier
150–200 ml kaltes Wasser
Salz, Muskatnuss

... für den Käserahm:

400 ml Sahne
300 g geriebener Emmentaler
50 g Butter
1 Zwiebel
Salz, Muskatnuss, weißer Pfeffer

Schwierigkeitsgrad:
mittel
Zubereitungszeit:
45 Minuten

Allgäuer Knusperle
mit Käserahmspätzle

Das Fleisch erst in 1 cm dicke Scheiben, dann in 1 cm dicke Streifen schneiden. Mit Salz und Pfeffer würzen. Die beiden Eier verquirlen. Das Fleisch mit Mehl bestäuben, erst in der Eimasse, dann im Paniermehl wenden und in der Friteuse oder in einer Pfanne mit viel Fett ausbacken.

Für die Spätzle das Mehl, die Eier, Wasser, Salz und Muskatnuss in eine Schüssel geben und so lange kneten, bis der Teig Blasen wirft. Mit einer Spätzlespresse in kochendes Salzwasser drücken. Die Spätzle – sobald sie oben schwimmen – mit einer Schaumkelle aus dem Topf nehmen und unter kaltem Wasser abschrecken.

Für den Käserahm die Zwiebel schälen und fein würfeln. Die Butter in einem Topf schmelzen, Zwiebelwürfel dazugeben und glasig dünsten. Sahne dazugießen, kurz aufkochen und würzen. Zum Schluss den geriebenen Emmentaler einstreuen und die Spätzle unterheben. Die Rahmspätzle sind fertig, sobald der Käse geschmolzen ist.

Spätzle und Fleisch zusammen mit den Zitronenspalten anrichten.

72

Erdbeer-Rhabarber-Eisparfait

Zutaten
für 4–6 Personen

200 g Rhabarber
200 g Erdbeeren
400 ml Sahne
200 ml Läuterzucker (Wasser und Zucker zu gleichen Teilen)
4 Eigelb
2 Eiweiß
Puderzucker, Butter

Schwierigkeitsgrad:
anspruchsvoll
Zubereitungszeit:
1 Stunde

Rhabarber schälen, in feine Stücke schneiden und in einem Topf mit etwas Butter ca. 6–8 Minuten dünsten. Vom Herd nehmen und beiseite stellen. Erdbeeren waschen und klein schneiden.

Läuterzucker und Eigelb in eine Schüssel geben und zunächst warm im Wasserbad (80°C), dann kalt aufschlagen. Eiweiß steif schlagen, etwas Puderzucker dazugeben und unter die erkaltete Eigelbmasse heben. Sahne steif schlagen und zusammen mit den Früchten zur Eimasse geben.

Die Parfaitmasse in eine geeignete Form umfüllen und für ca. 8 Stunden ins Gefrierfach stellen. Nach dem Herausnehmen etwas antauen lassen und stürzen. In ca. 1 cm dicke Scheiben schneiden und mit frischen Früchten garnieren.

Palmscher Bau

Schwäbische Traditionsgaststätte

Inhaber: Frank Jehle

Innere Brücke 2 · 73728 Esslingen am Neckar
Telefon 0711 / 35 02 45 · Fax 0711 / 35 20 85
E-Mail info@palmscher-bau.de
www.palmscher-bau.de

Öffnungszeiten

Täglich von 11.00 bis 24.00 Uhr

Gut zu wissen

240 Sitzplätze verteilt auf vier Gaststuben
Biergarten mit 300 Sitzplätzen
Montag bis Freitag Mittagsmenü
Parken: Parkhäuser Marktplatz und Innenstadt

Catering auf Anfrage

Posthörnle
Internationale Hausmannskost

Heiko Wineberger serviert seinen Gästen eine ideenreiche, kreative Küche.

„Kochen fand ich prima, schon zu Schulzeiten", sagt Heiko Wineberger. Verschiedene regionale Küchen zusammenzubringen, neu zu kombinieren, das liegt ihm wohl im Blut, denn der Vater stammt aus dem Allgäu und die Mutter aus Niedersachsen. Heiko Wineberger wuchs in Wernau im Landkreis Esslingen auf und absolvierte im dortigen Hotel-Restaurant Maître eine grundsolide, gute handwerkliche Ausbildung. Es reihten sich mehrere berufliche Stationen an, unter anderem gehörte er auch ein Jahr zur Crew im Dicken Turm. Die letzten sieben Jahre vor der Selbstständigkeit haben ihn jedoch besonders geprägt. Im Schlachthof in Esslingen lernte er beim Ehepaar Sommer den Freigeist kennen, der ungewöhnliche Kombinationen möglich macht, und den Stil und die Systematik der Kleinen Karte.

Und genau diesen Ansatz führt Heiko Wineberger in seinem eigenen Lokal fort, interpretiert ihn auf seine Weise. Zum 1. August 2008 hat er sich mit der Übernahme des Posthörnle einen Traum erfüllt, den Traum der Selbstständigkeit, des eigenen Restaurants. Heiko Wineberger bezeichnet seine Küche als internationale Hausmannskost, als Küche der Regionen. Von seinen Urlaubsorten etwa bringt er Ideen mit nach Hause, lernt andere Produkte kennen, die er in seine Arbeit einbaut. So verbinden sich deutsche, mediterrane, asiatische Elemente mit arabischen, marokkanischen, über Frankreich vermittelten Einflüssen, auch schon mal in einem einzigen Gericht. Dabei kann sich jeden Tag etwas Neues entwickeln, denn „ich schreibe nichts auf". Heiko Wineberger ist einfallsreich und entwickelt eine eigene Handschrift.

„Ich wollte einfach nicht noch einen Rostbraten auf die Karte nehmen, davon gibt es schon genug." Und wenn dieser dann doch einmal erscheint, kann es sein, dass Wineberger ihn mit Zwiebelkruste und Brotspätzle oder Krautkrapfen serviert. Die Bandbreite seiner Hauptgänge reicht von Zandersaltimbocca mit Wurzelgemüse und Fisch Veloute oder in Kokosmilch pochiertem Kabeljaufilet mit

Posthörnle

Frühlingsrolle und Ananas-Chutney über lauwarmen Tafelspitzsalat mit frischem Meerrettich bis hin zu Gewürzcouscous mit Auberginenmus, Sesamjoghurt, gebackenem Schafskäse und Minze.

Seine kleine Karte wechselt fast täglich, zumindest mehrmals die Woche. „Auf dem Wochenmarkt sehe ich ganz genau, was kommt, was geht." Und so entwickelt er die Karte im Rhythmus des Jahres. Das Wild bekommt er direkt vom Jäger, die Zicklein für die Variation mit Kräutergraupen, frischem Blattspinat und Auberginen-Chutney stammen vom bekannten Weilerhof. Seine Gäste schätzen die Qualität seiner Speisen, aber auch die kleine, ausgesuchte Weinkarte mit moderaten Flaschenpreisen, die württembergische Weine mit Erzeugnissen aus Italien, Spanien, Frankreich und Österreich vereint. Das moderne Ambiente, das auf eine Renovierung im Jahr 2005 zurückgeht, mit indirekter Beleuchtung, weißen Wänden, dunklen Holzstühlen, hellen Holztischen, HAP Grieshaber oder Fotokunst an der Wand nimmt sich angenehm zurück.

Dem schmalen, hellblau gestrichenen Haus des Posthörnle sieht man auch auf den zweiten Blick nicht an, dass es rund 280 Jahre auf dem Buckel hat. An der Pliensaustraße, der alten Handelsstraße und Hauptstraße der gleichnamigen Vorstadt, die die Innere mit der Äußeren Brücke verbindet, fanden sich über die Jahrhunderte zahlreiche Gaststätten und Wirtshäuser. Sie hießen Goldener Ochsen oder Krone, Goldener Becher, Goldener Apfel, Filderhof oder Hasen und bestanden unterschiedlich lange, manche wechselten das Gebäude, blieben aber der Straße treu. Das Nachbarhaus Nr. 58 war im späten 19. Jahrhundert die Gaststätte „Zum Schützen" mit eigenem Biergarten. Um die Jahrhundertwende wurde der Schützen zum „Pliensau-Automat" umfirmiert. Wobei darunter offensichtlich keine Speiseautomaten-Gaststätte zu verstehen ist, sondern ein Lokal, das den Bauern, die durchs Tor des nahen Pliensauturms in die Stadt kamen, schon in aller Herrgottsfrühe „automatisch" offen stand. So erzählten es die Nachkommen vom Schützenwirt Eugen Krehl dem Esslinger Chronisten Werner Mey. Die Pferde wurden im Hof getränkt, die Fuhrwerke in der Neckarstraße abgestellt. Im Esslinger Häuseranschlagsprotokoll von 1773/74 erscheint das spätere Posthörnle als „dreystöckige Behausung samt einem dahinter befindlichen Höfle, worinnen Brennstatt und Stallungen". Es gehörte damals bis auf kleine Zinszahlungen an die Spitals- und die Kastenverwaltung dem Bäcker Philipp Jacob Marthum. Bis in die 1890er Jahre wurde hier eine Bäckerei betrieben. Der Bäcker Christoph Falch erscheint 1847 erstmals auch als Wirt, seither ist diese Tradition ununterbrochen. Um

1900 war es kurzzeitig Gasthof zum Schillerhaus. Danach hatte Albert Hezinger, ein stadtbekannter Wirt, über viele Jahrzehnte das Posthörnle inne. Zu seiner Zeit traf man im Posthörnle auch noch Boten an, die hier auf ihren Einsatz warteten. So war die Wirtschaft 1928 das Botenquartier für Christian Aichele aus Nellingen und Anton Hagenmaier aus Neuhausen auf den Fildern.

Nach dem Zweiten Weltkrieg, eine Bombe im Hinterhof richtete nur geringen Schaden an (selbst die Sau hat es überlebt), war Clara Arnold mit ihrer gutbürgerlichen Küche die Seele des Posthörnle. Clärles Rostbraten mit Spätzle und Zitrone schmeckte den Landesministern Haußmann und Hahn so gut, dass sie ziemlich regelmäßig im Monatsrhythmus den Weg ins Posthörnle fanden, worauf die Wirtin und Köchin verständlicherweise sehr stolz war. Nach ihrem Tod übernahm ein ehemaliger Schiffskoch, ellenlang und bärenstark, wie es heißt, das Lokal, nämlich Stefan Armbruster. Die Zusammensetzung der Gäste wandelte sich, das „Poho", wie das Posthörnle damals genannt wurde, entwickelte sich zum beliebten Treffpunkt für Schüler,

Studenten und Ehemalige. Sie mochten die Atmosphäre, das Bier, den Wein und ab und an die Livemusik und fühlten sich, auf gut schwäbisch gesagt, „sauwohl". So kam es dann auch, dass die Esslinger Institution des „Heiligen Vormittag" im Posthörnle geboren wurde, und zwar am 24. Dezember 1968 mit Stefan Armbruster als Geburtshelfer. Und natürlich beteiligt sich auch Heiko Wineberger mit Suppe, Bier und Wein ab 11 Uhr am „Heiligen Vormittag". In den 1990er Jahren war das Posthörnle ein griechisches Lokal. 2005 wurde es renoviert und zu einer Sushi-Bar umgestaltet, die jedoch nur kurz in Betrieb war und von zwei Italienern abgelöst wurde.

Mit Heiko Wineberger ist nun ein engagierter junger Koch angetreten, die Tradition des Posthörnle als Ort der Begegnung und des Genusses auf seine eigene Weise mit neuen Inhalten weiterzuführen. Dass er bereits 2009 vom Varta-Führer zum Restaurant der Woche gekürt wurde, zeigt, dass Wineberger einen vielversprechenden Weg eingeschlagen hat.

Klare Tomatensuppe

mit Ricotta-Basilikum-Krapfen

Zutaten
für 4 Personen

... für die Suppe:

2 kg reife Tomaten
2 TL grobes Meersalz
1 TL Zucker

... für die Krapfen:

24 große Basilikumblätter
250 g Ricotta
1 Eigelb
3 EL Mehl

... für den Teig:

4 EL Mehl
4 EL Speisestärke
150 ml warmes Wasser
Salz, Pfeffer
Fett zum Frittieren

Schwierigkeitsgrad:
mittel
Zubereitungszeit:
45 Minuten + mehrere
Stunden Abtropfzeit

Tomaten in grobe Würfel schneiden, mit Meersalz und Zucker würzen und mit einem Stabmixer pürieren. Das Püree in ein Passiertuch geben, mehrere Stunden aufhängen und die ablaufende Flüssigkeit in einem Gefäß auffangen.

Für die Krapfen Ricotta, Eigelb und Mehl mit einem Schneebesen verrühren und mit Pfeffer und Salz abschmecken. 12 Basilikumblätter mit der Unterseite nach oben auf die Arbeitsfläche legen, jeweils 1 TL Ricottamasse darauf geben und mit einem weiteren Basilikumblatt abdecken.

Mehl, Speisestärke und warmes Wasser zu einem glatten Teig verrühren und mit einer Prise Salz würzen. Die gefüllten Basilikumblätter durch den Teig ziehen und in heißem Fett frittieren.

Die aufgefangene Flüssigkeit der Tomaten mit Salz und Zucker abschmecken, aufkochen und in vorgewärmte Suppentassen füllen, Basilikumkrapfen dazugeben und sofort servieren.

... für das Zicklein:

4 Ziegenkotelettes
400 g Ziegenschulter
300 g Ziegenkeule
3 EL Olivenöl
2 kleine Zwiebeln
2 Knoblauchzehen
2 EL Tomatenmark
1/8 l Rotwein
½ l Wasser
jeweils 1 Zweig Thymian,
Rosmarin und Salbei
Salz, Pfeffer, Zucker

... für die Kräutergraupen:

250 g Perlgraupen
2 kleine Zwiebeln
1 Knoblauchzehe
Olivenöl
Butter
selbst angesetzte Gemüsebrühe
oder Wasser
ca. 1/8 l Weißwein
Basilikum, Thymian, Rosmarin,
Salbei
50 g frisch geriebener Parmesan

... für das Chutney:

2 Auberginen
1 Chilischote
1 Zwiebel
1 Knoblauchzehe
2 EL Olivenöl
1 EL Korinthen
50 ml Apfelessig
2 EL Honig
1 TL Kurkuma
1 Prise Kreuzkümmel
1 Prise Kardamom

... für den Spinat:

400 g frischer Blattspinat
Olivenöl
1 Prise Salz

Schwierigkeitsgrad:
anspruchsvoll
Zubereitungszeit:
1½ Stunde

Variation vom Weiler Zicklein mit

Kräutergraupen, frischem Blattspinat und Auberginenchutney

Die Ziegenschulter in kleine Würfel schneiden und in Olivenöl anbraten. Zwiebeln würfeln, Knoblauch fein hacken und mit anschwitzen. Tomatenmark zugeben und mit Rotwein ablöschen. Einkochen lassen und mit Wasser auffüllen, dass das Fleisch gerade so bedeckt ist. Bei geschlossenem Deckel ca. 20 Minuten leicht köcheln lassen, bis das Ragout weich ist. Das Fleisch heraussieben und beiseite stellen. Die Kräuter zur Soße geben und diese bis zur gewünschten Konsistenz reduzieren. Mit Salz, Pfeffer und etwas Zucker abschmecken und das Fleisch wieder in die Soße geben. Die Ziegenkeule salzen und pfeffern und in Olivenöl anbraten. Je nach Größe für ca. 30–45 Minuten in den auf 120°C vorgeheizten Ofen stellen.

Für die Graupen Zwiebeln und Knoblauch sehr fein würfeln, mit Olivenöl und einer Flocke Butter anschwitzen. Perlgraupen dazugeben, mit Weißwein ablöschen und unter ständigem Rühren einkochen lassen. Mit Gemüsebrühe oder Wasser bedecken und ca. 20 Minuten leise köcheln lassen, bis die Perlgraupen weich sind. Damit die Graupen nicht anbrennen, ab und zu gut durchrühren und ggf. Wasser zugeben.

Aus den Kräuterblättern (ohne Stiele) im Mörser eine Paste herstellen. Zu den Graupen geben und Parmesan unterrühren. Für das Chutney die Korinthen ca. 30 Minuten in Wasser einweichen. Zwiebel in Würfel schneiden. Chili (mit oder ohne Kerne) zusammen mit dem Knoblauch fein hacken. Aubergine schälen und in kleine Würfel schneiden.

Zwiebelwürfel, Chili und Knoblauch in Olivenöl anschwitzen. Auberginen zugeben, mit Honig und Apfelessig ablöschen. Gewürze und Korinthen (ohne Wasser) unterrühren und bei geschlossenem Deckel leise köcheln lassen, bis eine dicke Paste entsteht. Mit Salz, Zucker und ggf. Essig abschmecken. Kalt oder warm servieren.

Den Spinat waschen, Stiele entfernen und abgetropft in einer heißen Pfanne mit Olivenöl und einer Prise Salz bei geschlossem Deckel dünsten bzw. leicht anbraten.

Zickleinkeule aus dem Ofen nehmen, mit Alufolie abdecken und ruhen lassen. In der Zwischenzeit die Zickleinkotelettes salzen, pfeffern und von beiden Seiten kurz anbraten (am besten gleichzeitig den Blattspinat dünsten). Ragout und Graupen anrichten. Zickleinkeule in Scheiben schneiden und mit den Kotelettes auf den Tellern platzieren. Zum Schluss Spinat und Chutney dazugeben.

Quarkmousse mit Mangosalat
und Passionsfruchtschaum

Zutaten
für 4 Personen

... für die Mousse:

1½ Zitronen
65 g Zucker
½ Vanilleschote
Schale von 1 Zitrone
2 Blatt Gelatine
250 g Quark
125 g Sahne

... für den Mangosalat:

1 genussreife Mango
1 EL Zucker
1 EL Wasser
etwas Zitronensaft
Minze

... für den Passionsfruchtschaum:

½ l Passionsfruchtmark
(Maracujamark)
150 g Zucker
2 Blatt Gelatine
1/8 l Sahne

Schwierigkeitsgrad:
einfach
Zubereitungszeit:
30–40 Minuten + mind. 1 Stunde
Kühlzeit sowie 24 Stunden
Kühlzeit für den Passionsfrucht-
schaum

Für die Quarkmousse Gelatine einweichen. Zitronen abreiben und auspressen. Zitronenschale reiben. Zucker und Vanilleschote zum Zitronensaft geben und aufkochen. Abgeriebene Zitronenschale unter den Quark rühren. Gelatine ausdrücken, in den nicht mehr kochenden Zitronensaft geben und durch ein Sieb in den Quark rühren.

Sahne steif schlagen und unter die erkaltete Quarkmasse heben. Die Mousse in Gläschen füllen und mindestens 1 Stunde in den Kühlschrank stellen.

Die Mango schälen und in kleine Würfel schneiden. Zucker und Wasser zum Kochen bringen, 1/3 der Mangowürfel dazugeben, fein pürieren und durch ein Sieb streichen. Restliche Mangowürfel dazugeben, mit etwas Zitronensaft abschmecken und mit in Streifen geschnittener Minze garnieren.

Für den Passionsfrucht-schaum die Gelatine einweichen. Das Fruchtmark mit dem Zucker aufkochen und die ausgedrückte Gelatine darin auflösen. Umfüllen und über Nacht kalt stellen.

Am nächsten Tag Sahne dazugeben, gut durchrühren und in einen Sahnebläser füllen, Sahnebläserkapsel zugeben, gut schütteln und 1 Stunde kalt stellen.

Mangosalat auf die Quarkmousse geben und den Passions-fruchtschaum darübersprühen.

Posthörnle

Internationale Küche

Inhaber: Heiko Wineberger

Pliensaustraße 56 · 73728 Esslingen am Neckar
Telefon 0711 / 50 62 91 31 · Fax 0711 / 88 24 15 80
E-Mail info@posthoernle.de
www.posthoernle.de

Öffnungszeiten

Donnerstag bis Sonntag von 11.30 bis 14.30 Uhr
Dienstag bis Sonntag ab 18.00 Uhr

Gut zu wissen

40 Sitzplätze
Außenbereich mit 20 Sitzplätzen
Donnerstag und Freitag Mittagsmenü
Parken: Parkhaus am Pliensauturm

Catering auf Anfrage

Ristorante Reichsstadt

Ein Stück Italien im Herzen Esslingens

*Salvatore Marrazzo –
passionierter Koch und
Genussmensch durch und durch*

Sollte es wirklich so gewesen sein? Salvatore Marrazzo beschloss vor nicht allzu langer Zeit, sich von den Ursprüngen zu trennen, von der Pizza. Ein Freund des Hauses beschrieb es aus Anlass seiner Rede zur Einweihung der neugestalteten Räumlichkeiten des Ristorante Reichstadt im Januar 2009 so: „Salvatore Marrazzo – ein schöner Name. Marrazzo mit zwei ‚z'. Pizza – ebenfalls mit zwei ‚z'. ‚Das sind zwei zuviel', sagte er. ‚Zwei genügen mir. Also werden wir ab sofort auf Pizza verzichten und verstärken das Angebot Pasta. Basta!'" Eine schöne Geschichte. „Se non è vero, è ben trovato (Wenn sie nicht wahr ist, so ist sie doch gut erfunden)." Salvatore Marrazzo hatte seine Fähigkeiten und seine Küche konstant weiterentwickelt, und die Gäste verlangten immer seltener Pizza, sondern ließen sich von seinem kreativen und innovativen Umgang mit den kulinarischen Gaben der italienischen Regionen zum Genuss verführen. So auch Gerhard Schröder. 2005 kochten Marrazzo und sein Team kurzfristig für den damaligen Bundeskanzler, der sich im Alten Rathaus aufhielt. Dabei kam Salvatore Marrazzo auch in Kontakt mit dem Staatsmann. Einfach und direkt sei er gewesen, gar nicht überheblich. Und, so heißt es, Schröder lobte die Küche, hausgemachte breite Bandnudeln, Rinderfilet mit Balsamico-Essigsoße und Rosmarinkartoffeln. Auch soll sich Schröders Wortschatz in den folgenden Tagen um ein auffälliges Wort erweitert haben: „Basta!". 2007 war Gianna Nannini zu Gast in der Reichsstadt.

Marrazzos Vater kam 1959 aus der Gemeinde Pagani bei Salerno in Kampanien nach Deutschland, um hier, wie so viele, sein Glück zu machen. Zusammen mit seiner Frau betrieb er den Hirsch im Nassachtal (Uhingen) als Pizzeria. Mit der Zeit halfen die drei Kinder mit im Familienbetrieb. So lernte Salvatore ab dem achten Lebensjahr von der Mama, was man in der Küche macht, und vom Papa den Einkauf und wie man mit Gästen umgeht. „Du musst den Gast so bedienen, wie du selbst bedient werden möchtest" ist bis heute Marrazzos Anspruch. Genau betrachtet ist Salvatore Marrazzo als Koch ein Autodidakt. Nach der Schule in Uhingen stieg er bei seinen Eltern ein, engagierte sich und erwarb die notwendigen Kenntnisse und Fertigkeiten. In ihm, so sagt er, vereinen sich die Vorteile des „Italoschwaben" – der Genussmensch, die italienische Mentalität – im Pakt mit der schwäbischen Gründlichkeit und Bodenständigkeit. Mit 23 Jahren machte er sich selbstständig und übernahm mit der Reichsstadt in Esslingen ein Haus mit langer Tradition. Schritt um Schritt, behutsam, aber konsequent, baute er mit einem Gespür für das richtige Team und das Besondere seinen Ruf aus, steigerte die Qualität seiner Küche, wurde zu dem Top-Italiener in Esslingen. Er kam in Kontakt mit Angelo und Pino Sassano, Siegfried Keck, Vincent Klink und Rolf Straubinger und baute sich ein Netz von Lieferanten im Esslinger Raum und vor allem in Italien auf.

Spezialität des Hauses ist seit 2002 die täglich frisch hergestellte Pasta. Salvatore Marrazzo will seinen Gästen eine Qualität bieten, die es in keinem Geschäft zu kaufen gibt. Immer wieder arbeitet er zusammen mit seinem Küchenchef Zlatko Stepanovic an neuen Gerichten. Er bespricht die Präsentation auf dem Teller sowie die Zusammensetzung der Speisen mit seinem Service-Team, damit sie den Gast entsprechend beraten können. Auch der Weinkarte sieht man den Anspruch des Hausherrn an, jeder Tropfen ist ausführlich beschrieben. In der Reichsstadt werden ausschließlich italienische Weine serviert, und es macht Freude, dem Sommelier beim Öffnen der Flaschen zuzusehen. Regelmäßig reist Salvatore Marrazzo nach Italien, um sich bei den Winzern seines Vertrauens von der Qualität des Herstellungsprozesses und der verarbeiteten Trauben zu überzeugen. Ein italienisches Essen ohne einen italienischen Wein ist für ihn undenkbar.

Die große Terrasse vor dem Haus, das Ambiente im Herzen der Esslinger Altstadt am Rathausplatz mit Blick auf die Renaissance-Fassade des Alten Rathauses, die stilvollen Räume in neuer Präsentation. Man spürt, dass Salvatore Marrazzo hier ganz in seinem Element ist. „Es hängt vom Zufall ab, wo du geboren wirst! Aber es liegt in deiner Macht, den Platz zu finden, wo du hingehörst!" Im Hauptgastraum fällt ein großes Foto an der Wand ins Auge. Es könnte einen italienischen Schauspieler zeigen oder einen Philosophen. Es ist jedoch ein Porträt von Marrazzos Vater. Darunter lesen wir: „Die besten Dinge verdanken wir dem Zufall." Salvatore Marrazzo ist offen für Ungewöhnliches. Die Gäste sollten es auch sein. Für ein vier- oder achtgängiges Jahreszeiten-Menü oder für ein Überraschungsmenü zum Beispiel. Oder für ein Essen im Dunkelrestaurant, das der Verein aus:sicht e.V. bereits mehrfach im stockdunklen Festsaal mit Erfolg durchgeführt hat. Ein viergängiges Menü wird von Blinden oder stark sehbehinderten Menschen den nichts mehr sehenden Gästen serviert, dazu gibt es ein Kulturprogramm für die Ohren.

Wer das Lokal Reichsstadt betritt, spürt bereits im Eingangsbereich, dass er sich hier auf historischem Boden bewegt. Man erkennt zahlreiche gemalte Wappen süddeutscher Reichsstädte. Aber auch – in schwungvollen Lettern – die Leitsätze des Hauses: „Amici della cucina italiana" (Freunde der italienischen Küche) und „L'arte della vita e viverla" (Die Kunst des Lebens ist es, das Leben zu leben). Im Obergeschoss befindet sich neben dem Festsaal (Wappensaal) ein Jugendstilzimmer mit Wandvertäfelung und einem Ofen von 1908 sowie ein Raucherzimmer, das Clubzimmer, im gleichen Stil mit integrierter Wanduhr. Diese Räume zeugen von der Zeit, als das Gebäude Heimat der noblen Esslinger Museumsgesellschaft war.

Erstmals erwähnt wird das im Wesentlichen aus dem Spätmittelalter stammende, dreistöckige Fachwerkhaus 1440 als „Bürgerhaus am Markt". 1552 beherbergt es im ersten Obergeschoss die Bürgerstube der Bürgerstubengesellschaft, das Zunfthaus des Esslinger Stadtpatriziats. Hier trifft man sich, beratschlagt Ehen oder sonstige Verträge, speist. Im Erdgeschoss dient das Gebäude als Kornhaus, im zweiten Obergeschoss wohnt der Ratsdiener. Im Gewölbekeller scheinen Reste älterer Keller sowie ein Teil der staufischen Stadtbefestigung integriert. Nach einigen Veränderungen im 18. Jahrhundert und dem Ende der Reichsstadt Esslingen 1802 wird das Haus 1807 zu einem Gesellschaftshaus für die „vielen Fremden vom Civil- und Militärstand" umgebaut. Von 1816 an wird es von der Lesegesellschaft, der späteren Museumsgesellschaft, als sogenanntes „Museum" für kulturelle und gesellige Veranstaltungen genutzt. 1853 errichtet man unter Leitung von Stadtbauinspektor Brenner einen klassizistischen

Saalanbau (Augustinerstraße 11) an Stelle einer abgetragenen Kelter. Nach dem Plan eines Ingenieurs Seitz erfolgt 1874 im Haupthaus der Einbau von Wirtschaftsräumen im Erdgeschoss und im Souterrain. Weitere Umgestaltungen schließen sich Anfang des 20. Jahrhunderts an, wie der Einbau einer Kegelbahn 1913. Unter den Nationalsozialisten wird hier wie andernorts die Museumsgesellschaft 1937 aufgelöst. Bereits zwei Jahre zuvor übernimmt die Brauerei Kemmler das Haus, das nun unter dem Titel Reichsstadt als bürgerliche Gaststätte geführt wird. 1961 und 1979 – ein Jahr nachdem die Stadt Esslingen das Haus, das ihr die Museumsgesellschaft einst 1830 abgekauft hat, wieder zurückerwerben kann – folgen weitere Renovierungen und größere Umbauten.

Wie viel Geschichte mag in diesem ehrwürdigen Gebäude, dessen spätmittelalterliches Sichtfachwerk lange schon unter Verputz schlummert, geschrieben worden sein – reichsstädtische zunächst, oberamtsstädtische später, öffentliche und private? Eine Tafel am Gebäude etwa erinnert an die „Rote Republikanerin" Marie von Brunnow (1826–1911), deren Familie ein Landgut bei Oberesslingen gehörte. Bei einem Maskenball im „Museum" am 23. Februar 1848 arrangierte sie ein Treffen mit dem Redakteur und Schriftsteller Hermann Kurz, dessen republikanische Ansichten sie teilte und den sie 1851 heiratete. Ihre Tochter, die in ihrer Zeit viel gelesene Schriftstellerin Isolde Kurz (1853–1944), widmete dem wechselvollen Leben der Mutter ein Buch. Marie Kurz war nach dem Tod ihres Mannes 1873 übrigens nach Italien gezogen, von wo sie erst 1910 zurückkehrte. Und so schließt sich auch hier gewissermaßen ein Kreis.

Hausgemachte Entenravioli
an Gemüse-Salsa

Zutaten
für 4 Personen

... für den Kartoffelteig:

125 g mehlig kochende
Kartoffeln
125 g Weizenmehl Typ 00
1 Eigelb
Salz, Pfeffer, Thymian

... für die Füllung:

300 g Entenbrust
100 ml Weißwein
50 g Tomatenmark
1 Karotte
1 Staudensellerie
1 Zwiebel
Rapsöl zum Anbraten
Salz, Pfeffer

... für die Salsa:

1 Knoblauchzehe
1 Karotte
1 Sellerie
1 Stange Lauch
250 g geschälte Tomaten
300 ml Hühnerfond

Schwierigkeitsgrad:
mittel
Zubereitungszeit:
1 Stunde + 60 Minuten Ruhezeit

Für den Teig die geschälten, gekochten Kartoffeln durch eine Kartoffelpresse drücken und mit Salz, Pfeffer und Thymian abschmecken. Mehl und Eigelb dazugeben und zu einer homogenen Kugel kneten. Bei Zimmertemperatur 60 Minuten ruhen lassen.

Die Entenbrust und das Gemüse in kleine Würfel schneiden. Rapsöl in einem Topf erhitzen und die Entenbrustwürfel darin scharf anbraten. Die Gemüsewürfel dazugeben. Mit dem Tomatenmark abbrennen und mit dem Weißwein ablöschen. Köcheln lassen, bis die gesamte Flüssigkeit eingekocht ist. Mit Salz und Pfeffer abschmecken und abkühlen lassen.

Für die Salsa Karotte, Lauch und Sellerie in walnussgroße Stücke schneiden und zusammen mit dem Knoblauch anschwitzen. Die geschälten Tomaten dazugeben und mit dem Hühnerfond aufgießen. Auf 1/3 einkochen lassen, mit Salz und Pfeffer abschmecken und pürieren.

Ravioliteig mit dem Nudelholz (oder in der Nudelmaschine) 2–3 mm dick ausrollen. Kreise mit einem Durchmesser von ca. 10 cm ausstechen. Etwas Füllung mittig auf die obere Hälfte jedes Kreises geben, die untere Hälfte nach oben klappen und die Ränder fest andrücken. Die gefüllten Ravioli in kochendes Salzwasser geben und ca. 3 Minuten kochen. Sobald die Ravioli gar sind, steigen sie nach oben.

600 g Lammlachse
1 Knoblauchzehe
Sonnenblumenöl zum Anbraten
Thymian

... für den Olivenbrotteig:

250 g Weizenmehl Typ 00
125 ml lauwarmes Wasser
25 ml Olivenöl
8 g Hefe
30 g Olivenpaste

… für die Brotfüllung:

180 g Kalbsoberschale
120 g Sahne
50 g getrocknete, in Olivenöl
eingelegte Tomaten
Thymian, Salz, Pfeffer

... für das Gemüse:

2 gelbe und 2 rote Paprika
1 rote Zwiebel
200 g Kirschtomaten
1 Knoblauchzehe
Olivenöl zum Anbraten
Salbei, Basilikum, Salz, Pfeffer

... für die Thymiansoße:

1 kg Kalbsknochen
Suppengemüse nach Wahl
je 100 ml Portwein und Rotwein
30 g Tomatenmark
1 l Kalbsfond
kalte Butter oder Speisestärke
ca. 5 Zweige Thymian

Schwierigkeitsgrad:
anspruchsvoll
Zubereitungszeit:
2 Stunden + 1 Stunde Garzeit

Lammrücken im Olivenbrotmantel
an Thymiansoße und auf Paprika-Gemüse

Für das Olivenbrot das Mehl in eine Schüssel geben, die Hefe in etwas lauwarmem Wasser auflösen. In das Mehl eine Mulde drücken, die aufgelöste Hefe hineingeben und mit dem Mehl von außen nach innen vermengen. Die restlichen Zutaten zufügen und zu einem geschmeidigen Teig kneten. Abgedeckt ca. 1 Stunde bei Zimmertemperatur gehen lassen. In eine Kastenform geben und bei 190°C ca. 25–30 Minuten backen.

Für die Füllung das Kalbfleisch klein schneiden, mit Sahne und Thymian in einen Behälter geben und im Tiefkühlfach ca. 15 Minuten anfrieren lassen. Die gekühlte Masse in einem Zerkleinerer pürieren und durch ein Sieb streichen. Mit den klein geschnittenen getrockneten Tomaten, Salz und Pfeffer abschmecken.

Lammlachse salzen und pfeffern. Sonnenblumenöl in einer Pfanne erhitzen, Lammfleisch zusammen mit der Knoblauchzehe und dem Thymianzweig von allen Seiten scharf anbraten. Das Brot längs ca. 3 mm tief einschneiden und in Scheiben schneiden. 2–3 Scheiben nebeneinander legen und jede Scheibe zur Hälfte mit der Füllung bestreichen. Die angebratenen Lammlachse mittig auf die Füllung legen und das Brot vorsichtig zu einer Rolle formen. Die Rolle in einer Pfanne bei mittlerer Hitze auf allen Seiten goldbraun braten. Danach 8 Minuten bei 180°C garen. Vor dem Servieren sollte das Fleisch 3–4 Minuten ruhen.

Für das Paprikagemüse die Zwiebel schälen, würfeln und in einem Topf mit etwas Olivenöl bei mittlerer Hitze anschwitzen. Paprika in Streifen schneiden, zu der Zwiebel geben und mitschwitzen. Danach die ganzen Kirschtomaten, Salbei und Basilikum zufügen und sanft schmoren lassen. Mit Salz und Pfeffer abschmecken und, falls die Tomaten zu säuerlich sind, etwas Zucker dazugeben.

Für die Thymiansoße die Kalbsknochen anrösten und das klein geschnittene Suppengemüse zugeben. Mit dem Tomatenmark vermischen und mit Rotwein und Portwein ablöschen. Auf 1/3 der Flüssigkeit einkochen lassen und mit dem Kalbsfond aufgießen. Wiederum zur Hälfte einkochen lassen und durch ein Passiersieb streichen. Mit Salz, Pfeffer und Thymian abschmecken und mit kalter Butter oder etwas Speisestärke binden.

Halbflüssiges Schokotörtchen
mit Vanilleeis

Zutaten
für 4 Personen

... für das Schokotörtchen:

100 g Butter
100 g Zartbitterkuvertüre
60 g Zucker
35 g Mehl
2 Eier
2 Eigelb
2 cl Rum

... für das Vanilleeis

125 ml Milch
75 ml Sahne
60 g Zucker
3 Eigelb
ausgekratztes Mark einer
Vanilleschote

Schwierigkeitsgrad:
mittel
Zubereitungszeit:
75 Minuten

Für das Schokotörtchen Eier, Eigelb und Zucker schaumig rühren. Butter und Kuvertüre im Wasserbad schmelzen und unter die schaumige Ei-Zucker-Masse heben. Das Mehl dazugeben, glattrühren und mit dem Rum abschmecken. Den Teig in Förmchen füllen und bei 185°C ca. 5–6 Minuten backen.

Für das Vanilleeis Milch, Vanillemark und 2/3 des Zuckers aufkochen. Eigelb mit dem restlichen Zucker schaumig schlagen und die warme Vanillemilch unter Rühren zufügen. Über dem Wasserbad aufschlagen, bis sich das Volumen verdoppelt hat. In die Eismaschine geben und frieren lassen.

Ristorante Reichsstadt

Ein Stück Italien in Esslingen

Inhaber: Salvatore Marrazzo

Rathausplatz 5 · 73728 Esslingen am Neckar
Telefon 0711 / 35 36 20 · Fax 0711 / 35 36 01
E-Mail marrazzo_reichsstadt@t-online.de
www.ristorante-reichsstadt.de

Öffnungszeiten

Dienstag bis Samstag jeweils von 11.30 bis 14.00 Uhr
und 18.00 bis 23.00 Uhr

Gut zu wissen

100 Sitzplätze
Außenbereich mit 100 Sitzplätzen
Festsaal mit 120 + 60 Sitzplätzen
Parken: Parkhaus am Marktplatz

Catering und Kochkurse auf Anfrage

Am Schlachthof
Frische Küche – täglich neu

Theo Sommer steht für eine kreative, einfallsreiche Küche.

Recht ernst schaut er von der Fassade, der steinerne Ochsenkopf. Und das verwundert nicht, denn das Gebäude hinter ihm war, als es 1904 in der Esslinger Weststadt erbaut wurde, die Direktorenwohnung nebst Gaststätte des Schlachthofs. Und es ist noch gar nicht so sehr lange her, dass in den Bauten dahinter das blutige Handwerk der Metzger ausgeübt wurde, bis in den 1990er Jahren der Schlachthof aufgegeben und nach Göppingen verlegt wurde.

Wer von der Martinstraße geradeaus nach Westen blickt, sieht das Jugendstilhaus schon von Ferne rot aufleuchten – „das rote Haus", wie es deshalb auch von manchem Esslinger genannt wird. Die Umgebung entspricht der Geschichte der Weststadt, die ab 1860 westlich des Bahnhofs als gemischtes Gewerbe- und Wohngebiet mit Fabriken, Fabrikantenvillen und Arbeiterwohnhäusern entstand und den industriellen Aufschwung der Stadt in der zweiten Hälfte des 19. Jahrhunderts widerspiegelt, aber auch den Strukturwandel, der in den letzten Jahrzehnten stattfand, den Rückzug oder die Schließung der großen Firmen. Das brachte jedoch auch neue Chancen für die Weststadt, wie an der Umwidmung der Gebäude des Dick-Areals zu sehen ist: Aus der Werkzeug- und Feilenfabrik Friedrich Dick wurde ein Einkaufs-, Kultur- und Freizeitzentrum.

Die Gaststätte Zum Schlachthof hat zwei Nebenräume, im großen fanden früher Tanzkurse statt, auch die Faschingsfeiern waren legendär. Die letzte Wirtin zu aktiven Schlachthofzeiten betrieb das Lokal 35 Jahre, bis sie selbst 80 war. Paula Flumm sperrte morgens um 5 Uhr in ihrer Kittelschürze das Lokal auf, damit die Metzger, Taxifahrer und Polizisten bei Schichtwechsel was „zwischen die Rippen und hinter die Kiemen" bekamen – einfache, bodenständige Gerichte und ein Bier oder auch mal etwas Härteres.

Der Kontrast von damals zu heute könnte nicht größer sein. Neben den alten hellblauen Majolikafliesen und dem originalen Terrazzoboden begrüßt eine Buddhafigur im Eingangsbereich den Gast. Dahinter öffnet sich ein heller, freundlicher Gastraum, der die alte und die neue Zeit harmonisch kombiniert und etwas von einem historischen Bahnhofswarteraum zweiter Klasse hat mit den alten, weißgestrichenen Holzpaneelen. Moderne, kugelförmige Lampen hängen von der hohen Decke herab, der Blick fällt auf ein querformatiges Panoramafoto der eigentlich engen Küche mit dem stolzen Küchenchef Thomas Sommer.

Im September 1998 haben Theo Sommer und seine Frau Tine, die aus Esslingen stammt, das Restaurant am Schlachthof eröffnet. Sie überzeugen seither mit einer im besten Sinne jungen, einfallsreichen und kreativen Küche, in der sich Internationales mit Heimatlichem, mediterran Leichtes mit Deftigem paart. Kennengelernt haben sich die beiden bei der Arbeit in der Weinstube Vetter in Stuttgart, er war wie heute in der Küche, sie im Service. Und schnell war klar, dass sie etwas Gemeinsames und Eigenes auf die Füße stellen wollten. Theo Sommer hat seine Kochlehre im Seehotel Siber in Konstanz gemacht, es folgten Stationen am Bodensee, im Stuttgarter Landespavillon, in der Rosenau in Stuttgart und schließlich im Vetter.

„Ich koch' einfach gern", antwortet er auf die Frage, warum er Koch geworden ist. Und er ist offen für Experimente. „Wir wechseln auf der Karte alles munter durch." Täglich gibt es neue Karten, die bewusst klein gehalten sind. Drei dreigängige Menüs werden angeboten, eines mit Fisch, eines mit Fleisch, das dritte immer vegetarisch, dazu zwei Suppen, fünf Vorspeisen, sechs bis acht Hauptspeisen und drei Desserts. Durch täglichen Einkauf bedienen sie die absolut frische Küche, dadurch ergeben sich keine Hausspezialitäten, aber immer eine große Abwechslung, natürlich saisonal angelegt.

Tine Sommer hat ein paar Semester Architektur studiert und wuchs durch Jobs immer mehr in die Gastronomie hinein, für die sie sich schließlich ganz entschied, „weil das immer Spaß gemacht hat". Ihr war auch aufgefallen, dass es in den 1990er Jahren einen Bedarf an ungewöhnlicher Gastronomie in Esslingen gab, und das Objekt Schlachthof gefiel ihnen beiden, auch wenn sie zunächst nur daran dachten, fünf Jahre zu bleiben. Heute wohnen sie mit ihrem Sohn in der alten Direktorenwohnung. Tine Sommer liebt den Kontakt mit den Gästen, das gesellige Leben: „Ich bin keine Büromaus." Zu ihren Gästen zählen junge Leute, Menschen mit kreativen Berufen, Familien, die sich gerne fein machen, um ein dreigängiges Menü zu genießen. Tine Sommer sammelt auch die Dankeschönbilder, die

Unweit des Schlachthofs produzierte die Firma Friedrich Dick u.a. Spezialmesser für Fleischer und Köche, Anzeige 1929

Kinder für sie malen. Kinder können schon mal einen Blick in die Küche werfen, wo man sie dann sogar überzeugen kann, dass es nicht immer Pommes sein müssen, und wo sie sehen, wie Essen entsteht. Und dass ein Koch immer auch ein bisschen ein Künstler ist, experimentell, kreativ. Da entsteht vielleicht eine Karottenchilisuppe mit Fischfilets oder ein Stroganoff vom Charolaisrind mit Roter Bete, Champignons und Paprika oder auch Spargel mit einer Vinaigrette mit Apfel und Speck, oder man kann zuschauen, wie die Crème brûlée ihren Feinschliff bekommt.

Zugegeben, das Gewerbegebiet vor dem Haus ist nicht besonders schön, die vorhandenen Parkplätze sind jedoch ein Standortvorteil. Es gibt einen Blick auf die Weinberge, davor allerdings Firmenbauten aus den 1950er und 60er Jahren. Dennoch wird der Außenbereich vor dem Schlachthof im Sommer gerne genutzt.

Küche und Weinkarte im Schlachthof sind anspruchsvoll. Ab und an gibt es spezielle Degustationsmenüs mit Weinproben. Und die vielen Stammgäste und Wiederkehrer sprechen für sich. Da ist es dann auch nicht schlimm, wenn ein Gast mal ein eigenes Viertelesglas mitbringt, weil der Schwabe halt auf sein Viertele pocht.

Paprikamousse mit gebackenem Fenchel

Zutaten
für 1 Person

1 kg roter Paprika
¼ l Gemüsebrühe
Salz, Zucker, Chili
8 Blatt Gelatine
125 ml Sahne
1 Fenchelknolle
1 EL Olivenöl

Schwierigkeitsgrad:
mittel
Zubereitungszeit:
45 Minuten + 24 Stunden
Kühlzeit

Paprika putzen und in Würfel schneiden. Mit der Gemüsebrühe aufkochen und mit Salz, Zucker und Chili abschmecken. Pürieren und durch ein feines Sieb streichen. Das ergibt ½ l flüssiges Paprikamark.

Gelatine einweichen und tropfnass im warmen Paprikamark auflösen. Sahne steif schlagen. Mark weiter erhitzen. Sobald die Masse stockt, die geschlagene Sahne unterheben. In Förmchen füllen und für 24 Stunden kalt stellen.

Fenchel waschen, in dünne Streifen schneiden und einzeln in heißem Olivenöl anbraten.

Rote-Bete-Quark-Gnocchi

mit Waldpilzen und Petersilienpesto

Zutaten
für 4 Personen

400 g Rote Bete
500 g mehlige Kartoffeln
250 g Magerquark
1–2 Eier
300–400 g Mehl
20 g Speisestärke
30 g Parmesan gerieben
2–3 l Rote-Bete-Saft
Salz
Butter zum Ausschwenken

400 g Pilze der Saison
Butter zum Braten
Salz, Pfeffer

… für das Pesto:

200 g Petersilie
60 g Olivenöl
20 g Parmesan
20 g Pinienkerne

Schwierigkeitsgrad:
mittel
Zubereitungszeit:
1½–2 Stunden

Kartoffeln und Rote Bete ca. 20–30 Minuten weich kochen, pellen und noch heiß passieren. Dabei empfiehlt es sich, beim Verarbeiten der Roten Bete Einweghandschuhe zu benutzen.

Aus Roten Beten, Kartoffeln, Quark, Eiern, Mehl, Speisestärke und geriebenem Parmesan einen Teig herstellen und mit Salz abschmecken. Dabei soviel Mehl unterkneten, dass ein glatter, homogener Teig entsteht. Die Menge des benötigten Mehls hängt stark von der Kartoffelsorte ab – der Teig soll nicht mehr an den Fingern kleben.

Zum Formen der Gnocchi eigroße Portionen vom Teig abnehmen und jeweils auf bemehlter Fläche zu fingerdicken Röllchen drehen. 2–3 cm lange Stücke abschneiden. Inzwischen Rote-Bete-Saft in einen großen Topf füllen und salzen. Die fertigen Gnocchi ca. 10 Minuten in dem Saft ziehen lassen – nicht kochen! Aus dem Saft nehmen und in Butter ausschwenken.

Pilze putzen und – je nach Größe – halbieren oder vierteln. In Butter braten und mit Salz und Pfeffer würzen.

Für das Pesto die Petersilie waschen, abtropfen und von den Stielen zupfen. Parmesan fein reiben. Petersilie mit den Pinienkernen im Mixer zerkleinern, Olivenöl und Parmesan zufügen.

Weintipp:
Ein 2005er Mélac

96

Crème brûlée

Milch, Sahne, Eigelb, Zucker, Vanillemark und Zitronenschale glattrühren, in Formen füllen und im Wasserbad bei 90°C zwei Stunden pochieren. Abkühlen lassen und über Nacht in den Kühlschrank stellen.

Die Crème brûlée mit braunem Zucker bestreuen und unter dem vorgeheizten Backofengrill kurz grillen, bis der Zucker karamellisiert ist.

Am Schlachthof

Moderne schwäbisch-internationale Küche mit regionalen Produkten

Inhaber: Tine und Theo Sommer

Schlachthausstraße 13 · 73728 Esslingen am Neckar
Telefon und Fax 0711 / 3 50 95 09

Öffnungszeiten
Dienstag bis Sonntag ab 18.00 Uhr

Gut zu wissen
60 Sitzplätze im Restaurant
2 separate Räume mit 100 bzw. 35 Sitzplätzen
Außenbereich mit 40 Sitzplätzen
Parkplatz direkt am Restaurant

Brauhaus zum Schwanen

Esslingens einzige Hausbrauerei

Romy Steinbach mit ihren Service-Fachkräften

„Die vorzüglichsten Gasthäuser hierselbst sind: Die Krone, der Adler, der Schwan und der Ochse", so heißt es in einer Beschreibung Esslingens aus dem Jahr 1847. Das stattliche, verputzte Fachwerkhaus des Schwanen steht über steinernem Erdgeschoss an der Franziskanergasse und schließt den Blarerplatz, den ehemaligen Holzmarkt der Reichsstadt, nach Norden hin ab. Was heute so einheitlich wirkt, hat eine verwickelte Bau- und Nutzungsgeschichte.

Archäologische Untersuchungen im rückwärtigen Hofareal förderten Siedlungsspuren wie Keramik aus dem 9. bis 11. Jahrhundert zu Tage. Um 1250 entstanden ein steinerner Wohnturm und die beiden gewölbten Keller. Bald nach 1400 besiegelt Eberhard Lutram den Verkauf der mittlerweile ausgebauten Gebäude an das Chorherrenstift Denkendorf, das seit 1387 das Esslinger Bürgerrecht besaß und nun seinen Wirtschaftshof und städtischen Verwaltungssitz („Pfleghof") hierher verlegte. Zahlreiche Umbauten und Erweiterungen folgten 1444, 1488 und 1499 und schufen einen zusammenhängenden Gebäudekomplex mit Stallungen, Lagerräumen und Wohnungen. All diese Daten beruhen auf der dendrochronologischen Auswertung der erhaltenen Eichenholzbalken. 1547 war das Gebäude Alterssitz des Denkendorfer Propstes Fehleisen. 1762 drohte der Abbruch, der durch Hofgerichtsassessor Knebel und Baumeister Groß abgewendet werden konnte. Eine Renovierung erfolgte 1771, das Dachgeschoss wurde zum zweiten Obergeschoss.

1837 schließlich erwarb der Braumeister G. A. Storz, Mitglied des Stadtrats, das Haus, das 1848 an seinen Vetter August Storz überging. In diesen Jahren wurde das Gebäude zum Gasthof Schwanen im klassizistischen Stil umgestaltet. Aus dieser Zeit stammt wohl auch das beeindruckende Wirtshausschild mit dem Schwan. 1857 lässt der neue Schwanenwirt Häberle zudem einen zweistöckigen, stützenfreien Tanzsaal mit besonders sehenswerter Stuckdecke anbauen, der von den Bürgern mit Begeisterung aufgenommen wurde, jedoch 1986 auf Verlangen der Stadt Esslingen abgebrochen wer-

den musste. Am 27. Mai 1891 verkaufte die Witwe Luise Bauer, die mit ihrem Mann Johann Jakob den Schwanen seit 1871 betrieben hatte, das gesamte Anwesen für 58.000 Mark an die Firma Langheck. Die zwei Jahre zuvor in Göppingen gegründete Transparentfolienfabrik, die älteste der Welt, zieht nach Esslingen in den Schwanen, der zur Produktionsstätte der Folien auf Gelatinebasis wird. 1894 erfolgte ein erneuter Umbau mit Aufstockung und bis heute erhaltenem Dachgarten. Für einige Jahre scheint die Gaststube noch ihrem ursprünglichen Zweck gedient zu haben. Zum 23. Juli 1900 wird das dingliche Schankrecht erteilt, das an das Haus gebunden ist und zumindest einmal im Jahr mit Leben erfüllt werden muss, um erhalten zu bleiben. Also lud die Familie Langheck über Jahrzehnte Freunde und Verwandte ein und bewirtete sie. So erinnert sich Jürgen Langheck, der Urenkel des Firmengründers Johannes und jetzige Hausbesitzer.

Die transparenten Folien aus dem Schwanen wurden bis nach Argentinien exportiert. Außerdem stellte die Firma erfolgreich „Flitter" her, Pailletten aus gehärteter und gefärbter Gelatine, die zu Hunderten auf Bindfäden zusammengefasst wurden. 1925 wurde die Betriebsstätte zu weiten Teilen in ein neues Gebäude an der Ulmer Straße verlegt, bald begann dort die Produktion von Zellglas für Verpackungen. Im Zweiten Weltkrieg entstanden im Schwanen unter anderem Klarscheiben für Gasmasken. In den 1950er Jahren startete Langheck & Co. mit der Fertigung von Artikeln aus Kunststofffolien. Lange war nicht klar, wie der mehr und mehr verwaiste Schwanen einer neuen Nutzung zugeführt werden konnte, bis sich Jürgen Langheck entschloss, das Haus grundsanieren zu lassen und eine Gaststätte im Erdgeschoss und in den schönen gewölbten Kellern einzurichten. Dazu kam die einzige Hausbrauerei Esslingens, die mit ihren modernen Kesseln im Seitenflügel untergebracht ist und auch bei Führungen besichtigt werden kann. Unter dem Braumeister Dieter Brey entstehen nach alter Brautradition naturbelassene Biere mit den Sorten Märzen, Pils, Weizen und – nur zur Weihnachtszeit – Starkbier, das Bockbier. 1987 wurde der Schwanen neu eröffnet.

Das erste, das die heutige Pächterin Romy Steinbach von Esslingen wahrgenommen hatte, waren die grünen Weinberge. „Hier bleibst du!", dachte sie sich. Das war lange, bevor die gelernte Restaurantfachfrau im September 1992 den Schwanen als Wirtin übernahm. Mit Ehemann Nils, Restaurantfachmann aus Chemnitz, dessen besondere Spirituosensammlung einen Schrank im Hauptgastraum füllt, betreibt sie das traditionsreiche Lokal und wohnt auch mit der Familie, zu der eine Tochter gehört, im Haus. „Ich lieb' den Schwanen", sagt Romy Steinbach, „und auch die Aussicht, die man vom Dachgarten über Esslingens Altstadt hat bis hinauf zur Burg". Küchenchef René Güther,

Anzeige aus dem Schwäbischen Merkur 1871

Das Gebäude des heutigen Schwanen im Jahr 1940

Nils Steinbach und ihr Team bereiten schwäbische Küche ebenso gut zu wie raffinierte vegetarische oder internationale Gerichte. Da gibt es Linsen mit Spätzle genauso wie Jakobsmuscheln und Riesengarnelen im Kräutersud geschwenkt auf lauwarmem Salat von jungem Ofengemüse und Mangohollandaise. Seit 1991 wird der Außenbereich vor dem Haus, auf der anderen Seite der Franziskanergasse, dem Blarerplatz zugewandt, genutzt. Seit einigen Jahren beteiligt sich das Schwanen-Team zudem am Esslinger Zwiebelfest.

Was nicht nur Romy Steinbach immer wieder großen Spaß macht, sind die besonderen Ereignisse, die die Keller beleben. So gibt es drei- bis sechsmal im Jahr Livemusik mit DJ für das jüngere Publikum. Gruselig eingedeckt wird für die Crime-Time-Führungen, die ihren Abschluss mit einem „Leichenschmaus" im Schwanenkeller finden. Die Zusammenarbeit mit den von Sabine Schaible organisierten Esslinger Erlebnisführungen hat nicht nur diese Erlebnisgastronomie in den Schwanen gebracht. Bei der „Klösterlichen Tafeley" zum Beispiel wird neben rustikalen Gerichten aus der Schwanenküche wie Schmalzbrot, Suppe aus dem Brotlaib und Ochsenbrust von der Gruppe „Schnarrensack" mittelalterlich aufgespielt und manch historische Begebenheit unterhaltsam-derb an den Mann und die Frau gebracht. Auch „Geisterführungen mit Biss" oder der „Räuberschmaus" enden mit einem Drei-Gänge-Menü in den historischen Gewölben.

Gebratene Lachsfilets

auf warmem Spaghettisalat

Zutaten
für 4 Personen

400 g Lachsfilet
150 g Spaghetti
100 g Cocktailtomaten
1 Lauchzwiebel
frisches Basilikum
glatte Petersilie
2–3 EL Olivenöl
2–3 EL weißer Balsamico
frischer Kren (Meerrettich)
1 EL Öl zum Braten
Salz und Pfeffer aus der Mühle

Schwierigkeitsgrad:
einfach
Zubereitungszeit:
20 Minuten

Spaghetti al dente kochen. Filetierten Lachs in 4 Stücke schneiden. Die Stücke wiederum in Streifen à ca. 25 g schneiden.

Tomaten vierteln, Lauchzwiebel in Streifen schneiden. Aus Olivenöl, Balsamico, Salz, Pfeffer und fein gehacktem Basilikum ein Dressing herstellen und gut mit dem Gemüse und den Spaghetti mischen.

Öl in einer Pfanne erhitzen und die Lachsstücke ca. 2 Minuten pro Seite darin anbraten. Zusammen mit dem Spaghettisalat anrichten und mit frisch geriebenem Meerrettich und gehackter Petersilie bestreuen.

Zanderfilet
auf Currysauerkraut

Kartoffeln kochen und schälen. Zwiebel fein würfeln.

Sauerkraut mit den Speck- und Zwiebelwürfeln, Weißwein, Salz und Pfeffer ca. 30 Minuten sämig einkochen. Currypulver zufügen und gut vermengen.

Zanderfilets salzen und pfeffern. Öl in einer Pfanne erhitzen, die Filets auf jeder Seite ca. 4 Minuten braten. Dabei mit der Hautseite beginnen. In einer anderen Pfanne den Frühstücksspeck kross anbraten.

Die Kartoffeln vierteln und in erhitzter Butter goldgelb anschwenken.

Currykraut auf Tellern anrichten. Filets mit der Hautseite nach oben auf das Kraut legen und mit den Speckstreifen garnieren. Kartoffeln mit Petersilie bestreuen.

Rosmarinparfait

mit Ananas-Minze-Salat

Zutaten
für 12 Stücke

250 ml Sahne
2 Zweige Rosmarin
2 Eigelb
1 Eiweiß
125 g Zucker
½ mittelgroße Ananas
frische Minze
4 TL brauner Rohrzucker
4 kleine Zweige Rosmarin zum
Dekorieren

Schwierigkeitsgrad:
mittel
Zubereitungszeit:
40 Minuten + 8 Stunden
Kühlzeit

Rosmarin waschen und fein hacken. Eigelb mit Zucker im Wasserbad erst warm, dann kalt aufschlagen. Eiweiß zu Schnee schlagen und unter die Ei-Zucker-Masse heben. Sahne steif schlagen und gemeinsam mit dem Rosmarin ebenfalls unter die Masse heben. Das Parfait in Förmchen füllen und ca. 8 Stunden gefrieren lassen.

Ananas vierteln, Strunk entfernen und das Ananasfleisch in gleich große Stücke schneiden. Gewaschene, in feine Streifen geschnittene Minze mit den Ananasstücken mischen.

Das Rosmarinparfait aus dem Gefrierfach nehmen, Förmchen kurz in heißes Wasser tauchen und das Parfait auf die Teller stürzen. Ananas-Minze-Salat daneben anrichten und mit Rohrzucker bestreuen.

Brauhaus zum Schwanen

Kreative schwäbisch-internationale Küche in Esslingens einziger Hausbrauerei

Inhaberin: Romy Steinbach

Franziskanergasse 3 · 73728 Esslingen am Neckar
Telefon 0711 / 35 32 53 · Fax 0711 / 3 50 84 65
E-Mail schwanen@online.de
www.schwanen-es.com

Öffnungszeiten

Dienstag bis Freitag von 11.30 bis 14.30 Uhr
und 17.30 bis 23.00 Uhr
Samstag und Sonntag von 11.30 bis 14.30 Uhr
und 17.30 bis 00.00 Uhr

Gut zu wissen

200 Sitzplätze auf verschiedene Räume verteilt
Parken: In der Tiefgarage Küferstraße/Altstadt

Catering und Partyservice auf Anfrage

Kleine Traube (Träuble)
Die urige „Beiz" mit langer Tradition

Ein gutes Team: Pächter Jürgen Schick (links) und Küchenchef Karl-Friedrich Vollmer.

Wer die Gaststube der Kleinen Traube betritt, macht eine Zeitreise – die niedrige Decke, das alte Parkett, die Holztische, die Theke, die Kerzenhalter vor rußgeschwärzter Wand. Das Ambiente ist auch heute noch das der urtümlichen schwäbischen Beiz. Hier, heißt es, bekommt man den vermutlich besten Rostbraten der Stadt oder die berühmten „Träubles-Schnitzele", geklopfte Schweinefilets im guten Weckmehl vom Bäcker, in Butterschmalz ausgebraten und mit Blatt- und Kartoffelsalat oder Bratkartoffeln serviert. Jürgen Schick, der jetzige Pächter, hat das Lokal im September 2000 übernommen und führt erfolgreich eine lange Tradition fort. Manches Detail spricht für die Kunstbegeisterung und den Humor des gelernten Fotografen, die zwei großen Bilder von Jeffery Beardsall oder der an den Eingängen zu den Toiletten jeweils angenagelte Herren- bzw. Damenschuh. Dass die Gäste sich unbeschwert mit Bekannten und Unbekannten an den Tischen zusammensetzen und ins Gespräch kommen, gehört für Jürgen Schick zur Tradition „seiner" Kleinen Traube. „Die Leute sollen sich bei uns wohlfühlen", sagt er. „Eine entspannte Atmosphäre sorgt nicht nur für gute Laune im Gastraum, sondern auch für gute Arbeit in der Küche und im Service."

Die Kleine Traube liegt an der Franziskanergasse, gleich gegenüber der „Hinteren Kirche", dem Rest der aus dem 13. Jahrhundert stammenden Franziskanerkirche. Das ehemalige Fachwerkwohnhaus mit dem Giebel zur Gasse wird unterschiedlich datiert, erste Hälfte 16. Jahrhundert oder doch erst 17. Jahrhundert. Die seltsame Giebelform entstand Ende des 19. Jahrhunderts durch Erhöhung der Traufwände des ersten Dachgeschosses. Damals wurde das Haus schon als Wirtschaft genutzt. Spätestens seit 1901 betrieb Friedrich Föll, wie es auch auf der Fassade in vergoldeter Schrift stolz verkündet wird, die Kleine Traube – gemeinsam mit seiner ersten Frau Rosine, die 1919 starb. Nach Friedrichs Tod 1929 führte Emilie, seine zweite Frau, die Wirtschaft für ihre Stiefkinder weiter.

1949 übernahm Emil Föll zusammen mit seiner Frau Hermine die Gaststätte. Ein paar Kriegsschäden mussten ausgebessert werden, die Küche wurde verlegt und das Parkett erneuert. Zunächst wurde nur Most ausgeschenkt, der von der eigenen Baumwiese stammte und in über mannshohen Fässern im Wolfshaus in der Webergasse reifte. Mit der Zeit jedoch verdrängte das Bier den Most. Emil Föll füllte seinen Apfelsaft fortan in Flaschen und schenkte statt eigenem Most eigenen Saft aus. Dazu trat Erdbeermilch aus selbst angebauten Früchten. Die Eier der eigenen Hühner fanden ihren Weg auf die Teller der Gäste und gehörten als „Russische Eier" oder „Strammer Max" zum Standardinventar der Föllschen Küche, genauso wie der frische Blumenstrauß, der die Theke schmückte. Links neben dem Eingang befand sich über Jahrzehnte die Kegelbahn. Der hölzerne Rücklauf ist heute noch an der Westwand im Nebenzimmer zu entdecken.

Wie beliebt das Träuble in Esslingen war, beschreibt Helmar Heger sehr lebendig im Merian-Heft vom Januar 1974: Fölls Kleine Traube „gilt seit Jahrzehnten bei Nachwuchspädagogen, Schauspielern, Journalisten, Pensionisten und Turnbrüdern als Inkarnation der geschätzten ‚Beiz'. Kaum größer als eine Wohnstube, sah das ‚Träuble' schon Schauspielereleven als Gäste, die heute prominente Bühnenstars sind. Emil Föll kennt sie alle. Auch die Mitglieder der Württembergischen Landesbühne finden sich oft bei ihm ein, wenn sie von Gastspielen außerhalb der Stadt nach Esslingen zurückkehren. Er besitzt die stillschweigende Erlaubnis zur Mimenbeköstigung auch nach der Sperrstunde – ein Privileg, von dem auch andere Zecher profitieren. Fölls warme Käsebrote oder russische Eier sind Geheimtipps beim Esslinger Kneipentrip. Die lange Wartezeit darauf verkürzt ein Glas Most."

1975 wird das Lokal durch die Gebrüder Reiss Gaststätten GmbH Bopfingen umgebaut und in Teilen modernisiert, dabei wird die Kegelbahn entfernt und der Nebenraum entsteht. Die Kleine Traube firmiert nun offiziell als Weinstube, als „Paradies für Viertelesschlotzer und Käseliebhaber". 15 Jahre wird die Kleine Traube von der Familie Reiss geführt. Emil Föll stirbt 1986. 1992 übernimmt ein griechischer Pächter das Lokal, bis schließlich im Jahr 2000 mit Jürgen Schick an alte Traditionen angeknüpft wird. Nun ist die Kleine Traube wieder ein Weinlokal mit dem Motto: „Unsere Stube – Ihr Wohnzimmer für gemütliche Stunden".

Der aus Hinterzarten stammende Fotograf führte in seinem Heimatort gemeinsam mit seiner Mutter seit 1973 die „Weinstube zum Holzschopf", dann folgte ab 1982 ein eigenes Fotostudio für Werbe- und auch Foodfotografie in Stuttgart, bis er den Sprung zurück in die Gastronomie wagte. Ist der Koch im Urlaub, stellt Jürgen Schick sich selbst an den Herd. Serviert wird Schwäbisch-Badisches genauso wie elsässischer Flammkuchen, Coq au Vin und Leckeres aus der italienischen Küche. Die Speisekarte auf der Schiefertafel variiert je nach Saison und Laune von Wirt und Küchenchef. Das Bier kommt frisch vom Fass, der Wein aus dem Keller, und zwar württembergische, badische, französische, italienische und spanische Sorten. Das Ganze wird schnörkellos, geradlinig, klar präsentiert: Wein, Essen, Ambiente. Zahlreiche Stammgäste, auch bekannte Namen darunter, schätzen die direkte, offene Art, die Jürgen Schick im Umgang mit seinen Gästen pflegt. Bankvorstände, Geschäftsleute, Schauspieler (z.B. Tatort-Kommissar Bienzle alias

Das Träuble einst (Hermine und Emil Föll um 1950) ...

... und heute

Dietz-Werner Steck), Sänger, Junge und Junggebliebene kommen gerne zu Schick in die Kleine Traube. Dabei dürfen sich die Raucher über einen großen, abgetrennten Raucherbereich freuen.

Immer wieder gibt es im Träuble besondere Veranstaltungen: Vom Hoffest mit Schlagern aus den 1930er Jahren über den Leberkäs Cup (bei dem der beste Leberkäse Esslingens prämiert wird) und die Kneipennacht mit Livemusik bis zur schon legendären Nikolaus-Party.

Terrine von geräucherter Schwarzwald-Forelle

Zutaten
für 4–6 Personen

300 g geräucherte Forellenfilets
200 g geräucherte Lachsforelle
oder Räucherlachs, in dünne
Scheiben geschnitten
300 ml Sahne
40 ml Weißwein
40 ml trockener Vermouth
(am besten Nouilly Prat)
2 cl trockener Sherry
3 fein gehackte Schalotten
20 g Butter
Saft einer halben Zitrone
3 Blatt Gelatine
100 g Sahnemeerrettich
2 TL Preiselbeeren
50 g Forellen- oder Lachskaviar
1 Zitrone
Weißer Pfeffer

Schwierigkeitsgrad:
mittel
Zubereitungszeit:
40 Minuten + 12 Stunden
Kühlzeit

Schalotten in Butter glasig dünsten. Forellenfilets in Würfel schneiden, zu den Schalotten geben und unter Rühren kurz mitdünsten. Mit Weißwein und Vermouth ablöschen. Sahne dazugießen und alles um ca. 20% reduzieren lassen.

Vom Herd nehmen, mit dem Zitronensaft und einer Prise weißem Pfeffer abschmecken. Bei Raumtemperatur abkühlen lassen und im Küchenmixgerät zu einer homogenen Masse verarbeiten.

In der Zwischenzeit die Gelatine in kaltem Wasser einweichen. Sherry erwärmen und die ausgedrückte Gelatine darin auflösen. Jetzt die Fischmasse in den Sherry einrühren – nicht umgekehrt, die Masse würde dann klumpen.

Eine Terrinen- oder Kastenform (bis 1 Liter Inhalt) mit Klarsichtfolie überlappend auslegen und die Forellen- bzw. Räucherlachsscheiben – ebenfalls überlappend – in die Form geben. Die Fischmasse einfüllen, dabei die Form mehrfach auf den Tisch klopfen, damit die Masse sich setzt. Die überstehenden Lachsscheiben umklappen und die Terrine mit der Folie verschließen. Das Ganze über Nacht im Kühlschrank fest werden lassen.

Vor dem Servieren die Preiselbeeren unter den Sahnemeerrettich heben. Terrine stürzen und pro Person 1–2 Tranchen abschneiden. Die Scheiben mit Kaviar, Zitrone und dem Meerrettich anrichten.

Zutaten
für 4 Personen

2 Schweinefilets „ohne Kopf"
500 g grobe Semmelbrösel
vom Bäcker
4 Eier
150 g Mehl
10 mittelgroße Kartoffeln
200 g Butterschmalz
Salz

Schwierigkeitsgrad:
einfach
Zubereitungszeit:
20 Minuten

Träubles Schnitzele

mit Bratkartoffeln

Filets von Fett und Sehnen befreien. Das Fleisch am dicken Ende in 2,5 bis 3 cm breite, am dünneren Ende in etwas dickere Scheiben schneiden. So erhalten Sie – je nach Größe des Filets – ca. 6 Schnitzel.

Die Schnitzel vorsichtig in maximal 0,3 cm dicke Scheiben klopfen, dabei den Fleischklopfer immer seitlich ausstreichen. Die Schnitzel haben dann einen Durchmesser von rund 10 cm.

Die gewaschenen Kartoffeln in der Schale 15 Minuten kochen und abkühlen lassen. Kartoffeln schälen, in feine Scheiben schneiden und in Butterschmalz kross ausbacken. Währenddessen mit Salz und Pfeffer abschmecken.

Schnitzel leicht salzen und im Mehl wenden. Die Eier mit ca. 4 cl Wasser gut aufschlagen und die Schnitzel eintauchen. Dann in den Semmelbröseln wenden, die Brösel dabei nur leicht andrücken. Butterschmalz in zwei großen Pfannen erhitzen und die Schnitzel darin fast schwimmend goldgelb anbraten.

Tipp:

Das Geheimnis der Schnitzel sind die von einem guten schwäbischen Bäcker selbst hergestellten Semmelbrösel, die am besten auch Brösel von Laugengebäck enthalten.

Grießschnitten mit Kompott

Zutaten
für 4 Personen

1 l Milch
250 g Weizengrieß
50 g Butterschmalz
30 g Butter
abgeriebene Schale einer
Zitrone
Salz
1 Päckchen Bourbon-
Vanillezucker
1 EL Zucker
Zimt
Obst nach Wahl

Schwierigkeitsgrad:
einfach
Zubereitungszeit:
40 Minuten + 1 Stunde
Abkühlzeit

Milch mit Vanillezucker, Zucker, Salz, Butter und der Zitronenschale aufkochen lassen. Vom Herd nehmen und den Grieß unter ständigem Rühren einstreuen. Dabei darauf achten, dass keine Klümpchen entstehen. Die homogene Grießmasse ca. 2 cm hoch glatt auf eine ca. 30 x 40 cm große rechteckige Schale oder ein Tablett streichen. Das geht am besten mit einem angefeuchteten Gummischaber. Eine Stunde auskühlen lassen.

Grießmasse in ca. 7 x 7 cm große Stücke schneiden oder mit Förmchen ausstechen. Butterschmalz in einer beschichteten Pfanne erhitzen und die Schnitten beidseitig goldgelb ausbacken. Aus der Pfanne nehmen und mit einer Mischung aus Zucker und Zimt bestreuen. Mit Obst oder Kompott nach Wahl anrichten.

Tipp:
Sie können die Grießmasse auch am Tag zuvor zubereiten und ausstreichen.

Kleine Traube

Restaurant und Weinstube

Inhaber: Jürgen Schick

Franziskanergasse 9 · 73728 Esslingen am Neckar
Telefon 0711 / 35 94 60

Öffnungszeiten

Mittwoch bis Montag ab 17.00 Uhr
Dienstag Ruhetag

Gut zu wissen

65 Sitzplätze (Nichtraucherraum mit 30 Plätzen,
Raucherraum mit 30 Plätzen und drei Bistrotischen)
Außenbereich mit 30 Sitzplätzen
Barzahlung (keine Scheck- oder Kreditkarten)
Parken: Die Tiefgarage Küferstraße/Altstadt (bei der alten Feuerwehr)
liegt 5 Gehminuten entfernt

Weingärtner Esslingen
Gute Tropfen aus sonnigen Lagen

Als Karl der Große im Jahr 778 mit seinem Heer die Hänge der Pyrenäen in Richtung Spanien erklomm, machten sich in Esslingen einige Bauern auf den Weg. Allerdings nicht wie Karl, der die Eroberung Pamplonas im Visier führte, nein, die Esslinger bauten (nachweislich) die ersten Rebstöcke an. Es ist allerdings naheliegend, dass bereits die Römer den Weinbau im Neckartal kultiviert haben.

Nachdem Esslingen im 12. Jahrhundert von den Staufern die Rechte zur freien Reichsstadt erhielt, begann man ab etwa 1220 mit dem Anlegen der Weinterrassen an der Neckarhalde. Die Böden waren gut, die Lagen sonnig, und ein Übriges taten die Esslinger Weinbauern mit ihrem Gespür für einen guten Tropfen und mit ihrem „grünen Händchen". Die Qualität der Weine verbesserte sich stets, und selbst in der Kaiserresidenz in Wien verlangte man nach dem edlen Nass aus Esslingen.

In dieser Zeit, genau gesagt im Jahre 1258, legte man das Weinmaß, den „Esslinger Eimer", fest. Esslingens wichtigster „Exportartikel" war in dieser Zeit der Wein, und so lag es nahe, eine Fassmenge zu definieren. Ein „Eimer" sollten 300 Liter sein. 1557 wurde der „Eimer" zum württembergischen Landmaß erhoben. Esslingens Rebfläche lag in dieser Zeit bei etwa 650 Hektar.

Im 16. Jahrhundert florierte der Anbau und Handel mit Wein so prächtig, dass die Reichsstadt weit über ihre Grenzen hinaus für Wein bekannt wurde. Man verkaufte ihn bis nach Bayern und ins Elsass.

Seit dem Jahr 1901 pflegen die Weingärtner der Weingärtnergenossenschaft Esslingen die Lagen am Schenkenberg und die zum Teil anspruchsvollen Hänge an der Esslinger Burg. Auf etwa 75 Hektar erwirtschaften die 120 Mitglieder der Genossenschaft hervorragende Spitzenweine mit hohem Anspruch. Da ist viel Handarbeit, Sorgfalt und Liebe zur Sache gefordert, um stets eine erstklassige Qualität zu erreichen.

Neben den klassischen Sorten wie Lemberger und Trollinger (des Schwaben flüssiges Brot), finden sich hier Rebsorten wie Schwarzriesling, Dornfelder, Portugieser, Gewürztraminer, Zweigelt, Acolon, Samtrot, Spätburgunder (Pinot Noir / Weißherbst), Riesling und Grauburgunder (Pinot Grigio), weißer Burgunder (Pinot Blanc), Kerner, Rivaner (Müller-Thurgau), Chardonnay (Blanc de blanc).

Diverse Cuvées, Beerenauslesen, Barriqueausbauten sowie Perlweine, Sekte und Edelbrände fehlen nicht im Angebot der Esslinger Weingärtnervereinigung.

Da zieren Namen wie „Glockenspiel" und „Staffelsteiger", „Faifegrädler" und „Postmichel" die Etiketten. Man bekommt den „Dicken Turm" oder die „Esslinger Burg" zum Kredenzen angeboten.

Die Räume der Genossenschaft laden zum Probieren ein. Vier hauptamtliche Vorstände sorgen für einen reibungslosen Ablauf, unterstützt von einem fachkundigen Team.

Freundlichkeit und Hilfsbereitschaft werden hier groß geschrieben, und man scheut es nicht, auf den Kunden einzugehen und ihn umfangreich zu beraten.

In der Webergasse 7 unterhalten die Weingärtner zudem eine gemütliche Probierstube, einen urigen Gewölbekeller und für die Sommermonate einen romantischen Innenhof mit Blick auf die Esslinger Burg. Die Räume können auf Wunsch angemietet werden.

Weingärtner Esslingen e.G.

Geschäftsführerin: Ramona Fischer
Vorstandsvorsitzender: Albrecht Sohn

Lerchenbergstr. 16 · 73733 Esslingen-Mettingen
Telefon 0711 / 91 89 62-0 · Fax 0711 / 91 89 62-99
E-Mail info@weingaertner-esslingen.de
www.weingaertner-esslingen.de

Weingut Bayer

Schöne Aussichten

Man bringt schon einige Kurven und Anstiege hinter sich, bevor das Ziel erreicht und das Viertele zum Schlotzen ausgeschenkt ist. Das Weingut Adolf Bayer befindet sich in Rüdern, hoch über Esslingens Stadt gelegen. Es ist nicht gerade der nächste Weg von der Innenstadt aus, aber ein Besuch lohnt sich allemal.

Bis 1994 betrieben die Bayers einen Obst- und Gemüseanbaubetrieb. Doch der Wettbewerb war hart und die Preise waren im Keller. So beschloss Adolf Bayer, Weinbaumeister, mehr auf den Weinbau zu setzen. Und das mit Bravour. Da er in Esslingen wenig Weinberge bewirtschaftete, wurde die Weinbergfläche nach Tübingen ausgedehnt. Das war auf Dauer keine Lösung, denn ein Berg muss gepflegt werden, bei starkem Regen oder Hagel ist schnelle Reaktion gefordert.

Mit der Zeit jedoch taten sich hier und da Verbindungen auf, der eine oder andere Hektar Weinberg in Esslingen ging in den Besitz der Familie über. Mittlerweile bewirtschaften die Bayers Hanglagen in Esslingen (Steillagen), Hedelfingen, Obertürkheim und Uhlbach.

Da die Räume in Esslingen mit der Zeit zu klein wurden, siedelte sich Adolf Bayer mit seiner Frau Heike am Ortsende von Rüdern, inmitten der Weinberge an. In einer traumhaften Lage, hoch über dem Neckartal, umgeben von einem herrlich gepflegten und liebevoll angelegten Garten, kann man hier sein Viertele bei schöner Aussicht genießen. Die Rot-, Weiß- und Roséweine werden dort schonend gekeltert und reifen in Edelstahltanks oder Barrique bis zur Abfüllung.

Regelmäßig finden Veranstaltungen mit Musikprogramm statt, denn zum Wein passt freilich der Gesang. Man muss aber nicht meinen, dass der gute Tropfen nur bei Volksmusik die Kehle hinunterkitzelt. Nein, da gibt es auch mal rockige Töne oder Jazz, selbst Country-Freunde fühlen sich angesprochen.

Bayer erhielt für seine Weine etliche Auszeichnungen und Würdigungen. Neben Klassikern wie Trollinger und Lemberger bietet der Ausschank und Verkauf auch viele verschiedene Rotweinsorten sowie Weißweine, z.B. Grauburgunder oder Riesling.

In den Wintermonaten betreibt die Familie den einzigen (!) Besen (Beutaubesen) in Esslingen. Ab November (genaue Termine bitte erfragen) öffnet er seine Pforten in der Mittleren Beutau 49. In gemütlicher Runde und bei einem deftigen Vesper werden auch dort alle Weine angeboten.

Weingut Adolf Bayer

Uhlbacher Straße 86 · 73733 Esslingen am Neckar
Telefon 0711 / 35 64 19 · Fax 0711 / 35 73 20
E-Mail weingut.bayer@t-online.de
www.weingut-bayer-esslingen.de

Weingut Clauss

Riesling aus der Champagnestraße

Christof Clauss und seine Frau Monika Warth-Clauss betreiben zusammen mit ihren 15 Mitarbeitern bereits in der 12. Generation ihren Weinbau. Seit 1593 wurden in der Familie von Generation zu Generation die Kenntnisse des Weinbaus weitergegeben. Aber nicht alleine der Weinbau ernährt den Familienbetrieb. Neben der Pflege der Reben werden Gemüse, Kräuter, Topfkräuter, Blumen, Freilandrosen und Obst angebaut.

Auf den zwei Hektar großen Weinbergen in der Markung Esslingen gedeihen die Rebsorten Trollinger, Lemberger, Samtrot, Spätburgunder, Muskattrollinger, Grauburgunder und Riesling hervorragend. Im Jahr werden etwa 15.000 Flaschen gekeltert.

Nicht zuletzt der Riesling hat es Christof Clauss besonders angetan. Abgesehen davon, dass der ihm selbst am besten schmeckt, genießen seine Rieslingweine höchste Anerkennung und werden sehr geschätzt. In mehreren Lesegängen wird hier in besten Lagen ertragsreduziert ein Optimum an Qualität geerntet. Der Riesling, die Spezialität des Hauses, besticht durch Transparenz in Farbe, Nase und Geschmack und lässt einen, zumindest für eine kleine Weile, so manchen Ärger des Tages vergessen.

Gekeltert wird im Weingut Diehl am Rotenberg. Nach der Lagerung im Holzfass oder Stahltank werden die Weine in Flaschen gefüllt und in Esslingen eingelagert. Spätburgunder Spätlesen, Lemberger und Dornfelder baut Clauss auch im Holzfass aus und erzielt hier trockene und qualitativ hochwertige Weine.

Aber auch Riesling-Sekt, Spätburgunder-Rosé-Sekt und Traubenbrand werden in der Champagnestraße und im Ladengeschäft in Ostfildern Ruit täglich angeboten.

Jeden 1. Mai findet das traditionelle Hoffest mit einem Tag der offenen Tür statt. Da gibt es viel zu sehen und etliches zum Probieren.

Beim Ruiter Straßenfest sowie der Kirbe und dem Weihnachtsmarkt werden die Clauss-Weine vor dem Laden ausgeschenkt.

Anfang Dezember findet alljährlich in der Champagnestraße eine kostenlose Weinprobe statt. Die genauen Termine gilt es zu erfragen.

Clauss-Weine

Inhaberin: Monika Warth-Clauss

Champagnestraße 1+3 · 73734 Esslingen am Neckar
Telefon 0711 / 9 38 90 90 · Fax 0711 / 9 38 90 93
E-Mail service@clauss-weine.de
www.clauss-weine.de

Ladengeschäft:
Hedelfinger Straße 16 · 73760 Ostfildern-Ruit

Weingut Kusterer
Mit Ecken und Kanten

Hans und Monika Kusterer pflegen in Esslingen eine alte Tradition. Der Stammbaum der Familie reicht bis ins Mittelalter zurück. Nicht nur, dass man in den Räumlichkeiten des Traditionsbetriebes die älteste Kelter Süddeutschlands findet (erbaut 1347), nein, die Kusterers fühlen sich verpflichtet, ihrer Kundschaft ehrliche und „reine" Weine anzubieten und einzuschenken. Da zollt man, der Quantität zum Trotze, viel Schweiß und Mühe, um eine bodenständige und erstklassige Qualität ins Glas zu bringen.

Kusterers orientieren sich nicht an Masse und Durchschnitt, nicht an Moden und Trends. Vielleicht kann man sie etwas dickköpfig nennen, charakterlastig und rebellisch, so wie ihre Weine. Der Besuch des Weingutes lohnt sich und ist zu empfehlen. Die sympathische Familie empfängt ihre Gäste offenherzig und, wenn man interessiert ist, erfährt man eine ganze Menge über den Wein und seine Geschichte.

In den Lagen rund um den Schenkenberg und die Neckarhalde baut der Familienbetrieb die Rebsorten Riesling, Grauburgunder, blauer Portugieser, Dornfelder, Lemberger, blauer Zweigelt, Spätburgunder, Merlot und Trollinger an.

Aber auch Cuvées, Barriqueausbauten und Edelbrände gehören ins Angebot.

„Die Qualität eines Weines entsteht schon am Rebstock", so Hans Kusterer. „Durch gezieltes Ausdünnen erreichen wir Spitzenqualitäten, bei denen man die Jahrgangsunterschiede schmeckt und erlebt. Klassische Methoden, Maischegärung und lange Standzeiten leisten hier ihren Teil."

Gradlinig ist heutzutage vieles, umso mehr beachte man das, was Ecken und Kanten aufweist.

Weingut Kusterer

Inhaber: Hans Kusterer

Untere Beutau 44 · 73728 Esslingen am Neckar
Telefon 0711 / 35 79 09 · Fax 0711 / 3 50 81 05
E-Mail weinwelt.hmkusterer@weingut-kusterer.de
www.weingut-kusterer.de

Die Kielmeyer Destille

Das Kielmeyerhaus wurde 1582 als Kelter des damaligen St.-Katharinen-Hospitals erbaut und ist das einzige noch existierende Gebäude des Spitals. Die übrigen Bauten standen auf dem heutigen Marktplatz und wurden 1811 abgebrochen. Zu dieser Zeit erwarb die Familie Kielmeyer das Gebäude vom St.-Katharinen-Hospital und baute es zu einem Wohn- und Geschäftshaus um.

An der linken Ecke des imposanten Fachwerkhauses ist in rund 3 Metern Höhe das schwarze Männle zu sehen. Der Sage nach ein Keltergeist, der jeden unehrlichen Kelterhelfer verprügelte. Außer dem Keltermännle soll in den Kellern einst auch ein Krokodil gehaust und Angst und Schrecken verbreitet haben.

Heute beherbergt das Kielmeyerhaus auch drei geräumige Ferienwohnungen und die Stadtinformation Esslingen. Für Liebhaber feiner Brände lohnt sich der Gang zur Rückseite des Gebäudes: Hier befindet sich die Brennerei der Familie. Verarbeitet werden fast ausschließlich Früchte von eigenen Weinbergen und der Region. Die edlen Tropfen verkaufen die Kielmeyers direkt vor Ort. Wer Glück hat und den richtigen Zeitpunkt erwischt, kann Thomas Kielmeyer beim Schnapsbrennen über die Schulter schauen.

Kielmeyer Destille

Inhaber: Gabriele und Thomas Kielmeyer

Marktplatz 2
73728 Esslingen am Neckar
Telefon 0711 / 3 70 78 78
E-Mail kielmeyer@gmx.de
www.kielmeyerhaus.de

Von 1950 bis 1999 betrieb Thomas Kielmeyers Vater die Brennerei. Die mit Kugelschreiber beschriftete Flasche erinnert an diese Zeit.

Die historische Fassadenbeschriftung verrät es: Hier hat Alfred Kielmeyer einst eine Seifenfabrikation betrieben und mit Kolonialwaren gehandelt.

Gabriele und Thomas Kielmeyer mit ihrem Sohn Hannes

Ilzhöfers Event-Kochschule
am Hafenmarkt

Jörg Ilzhöfer: Spitzenkoch mit Herz und Humor

Seit Sommer 2010 ist Esslingens Gastronomie um eine kreative Adresse reicher: Jörg Ilzhöfer eröffnete im Juli seine Kochschule am Hafenmarkt 12. Nach etlichen Jahren als Koch in den besten Häusern Deutschlands zog es den gebürtigen Esslinger zurück in seine Heimatstadt – den Kopf voller Ideen für die neue Kochschule. Sein Rezept: Vergnügliche Koch-Events zu mehr als 30 Themen und klassische Kochkurse für Anfänger und fortgeschrittene Kochbegeisterte – sympathisch moderiert und fein abgestimmt auf die einzelnen Zielgruppen und Anlässe. Die ersten Lorbeeren hat sich Ilzhöfers Kochschule bereits vor der Eröffnung verdient: Das Konzept wurde mit dem Gründerpreis der Sparkassen-Finanzgruppe Baden-Württemberg 2010 ausgezeichnet.

„Nur Köche machen Frauen glücklich", „Thanksgiving – der Truthahn konnte schwäbisch" oder „Küchenkrimi – die Küche wird zum Tatort" – schon die Namen der verschiedenen Kochkurse lassen es erahnen: Hier wird Kochen zum Erlebnis. „Kochen und Essen sind derart sinnlich und kommunikativ", so Ilzhöfer. „Es geht um Lebensfreude, Leidenschaft, Probieren, Schnabulieren, Kreieren – diese Begeisterung möchte ich gerne teilen und weitergeben." Lokalität

und Regionalität liegen dem passionierten Koch, der sein Handwerk im Dicken Turm gelernt und u.a. im Hamburger Steigenberger und im Sternerestaurant des Stuttgarter Graf Zeppelin verfeinert hat, besonders am Herzen. Auf den Tisch kommen fast ausschließlich Produkte aus Baden-Württemberg. Denn: „Selbst exotische Gerichte lassen sich wunderbar mit heimischen Zutaten zaubern", weiß Ilzhöfer. Für uns hat er nicht exotisch gekocht, sondern ein schwäbisches Traditionsgericht zubereitet: Linsen mit Spätzle. Ilzhöfer verwendet dazu auf der Schwäbischen Alb angebaute Alblinsen und schabt die Spätzle – natürlich – von Hand.

Ilzhöfers Event-Kochschule

Inhaber: Jörg Ilzhöfer

Hafenmarkt 12 · 73728 Esslingen am Neckar
Telefon 0151 / 58 78 82 42
E-Mail info@ilzhoefers.de
www.ilzhoefers.de

Alblinsen

mit Spätzle vom Brett

Zutaten
für 4 Personen

400 g Alblinsen
200 g geräucherter, magerer
Bauchspeck oder Schwarzwälder
Speck in ca. 0,5 cm dicke Scheiben
geschnitten
200 ml Gemüsebrühe
1 große geschälte Zwiebel
1 EL Butter
2 EL gesiebtes Mehl
4 Gewürznelken
2 Lorbeerblätter
kleiner Bund Petersilie
2 Zweige Thymian
1 Zweig Majoran
kleiner Zweig Rosmarin
1–2 EL Rotweinessig

... für die Spätzle:

5 Eier (Größe M)
300 g Mehl (Type 405)

Schwierigkeitsgrad:
mittel
Zubereitungszeit:
2 Stunden

Zwiebel halbieren und mit den Nelken spicken. Die Kräuter zu einem Bündel schnüren. Butter in einem hohen Topf schmelzen lassen. Mehl überstäuben und unter ständigem Rühren ganz leicht bräunen. Kalte Brühe auffüllen und erhitzen. Dabei stetig weiterrühren, um Klümpchen zu vermeiden. Linsen, die mit Nelken gespickten Zwiebelhälften und das Kräutersträußchen dazugeben.

Mit ca. 1 l kaltem Wasser aufgießen und den Speck zugeben. Ca. 30–40 Minuten leicht köcheln lassen. Bei Bedarf etwas Flüssigkeit dazugeben und den Linsensud ab und zu abschäumen, um eine Trübung zu vermeiden.

Das Kräuterbündel und die Zwiebelhälften entnehmen und mit Salz, Pfeffer und 1–2 EL Rotweinessig würzen.

Für die Spätzle die Eier leicht verquirlen und mit dem Mehl zu einem gleichmäßigen Teig schlagen. Der Teig ist perfekt, sobald er Blasen wirft. Das Schlagen des Teigs kostet etwas Zeit und Mühe, lohnt sich aber!

In einem Topf ca. 4–5 l Wasser zum Kochen bringen und 2 TL Salz zugeben (da das Kochwasser gesalzen ist, kommt kein Salz in den Spätzlesteig).

Vom Teig die Menge einer Schöpfkelle abnehmen, auf ein angefeuchtetes Spätzlesbrett geben und mit Hilfe eines langen Messers oder einer Palette dünne Streifen des Teiges in das immer leicht köchelnde Salzwasser schaben. Tauchen Sie das Brett mitsamt Teig und Palette immer wieder kurz in das Kochwasser, dann lassen sich die Spätzle leichter schaben.

Wenn die Spätzle an die Oberfläche steigen, sind sie fertig und können entweder sofort serviert oder – eiskalt abgeschreckt – später wieder erwärmt werden.

Hengstenberg

Feines und Saures seit 1876

„Ein Sprüchlein für die Küche merk! Nimm Essig nur von Hengstenberg!" Bereits vor hundert Jahren wurde mit diesem Spruch erfolgreich Werbung gemacht. Hengstenberg aus Esslingen am Neckar war eine im ganzen deutschen Kaiserreich bekannte Marke geworden und stand für Qualität. Doch bis dahin war es ein weiter und mühsamer Weg. Niemand hätte bei der Geburt des Pastorensohns Richard Alfried Hengstenberg am 27. Mai 1848 in Solingen daran gedacht, dass aus dem Knaben ein ambitionierter Fachmann für Saures werden würde. In der Verwandtschaft gab es Gymnasiallehrer, Mediziner, Juristen und weitere Pastoren. Doch Richard zog es zur Wirtschaft. Nach der Mittleren Reife trat er eine Kaufmannslehre an, arbeitete im Bankgeschäft, zog in den Krieg 1870/71 gegen Frankreich. Bei der Hochzeit seines Bruders Rudolph 1873 in Gotha lernte er seine spätere Frau Marie kennen, verliebte sich,

Villa und Produktionsgebäude in Mettingen, Ansichtskarte 1901

wollte sich aber nicht verloben, bevor er ihr etwas Besseres bieten konnte. Nachdem er Anfang 1874 in Stuttgart die Direktorenstelle beim Spar- und Consumverein in Stuttgart angetreten hatte, wurde noch im gleichen Jahr geheiratet. Im September 1875 kam Stammhalter Carl auf die Welt. Und das Leben hätte in Stuttgart so noch lange weitergehen können, wenn nicht Differenzen mit dem Aufsichtsrat des Consumvereins dazu geführt hätten, dass sich Richard Alfried Hengstenberg nach einer neuen Aufgabe umsah. Laut Handelsregister trat Hengstenberg am 15. Mai 1876

„als Associé" in die zwei Jahre zuvor von Emil Kallhardt in Esslingen gegründete Essigfabrik ein. Das Gebäude, Weberstraße 9, ist noch heute erhalten (1985 zog dort das „Kabarett der Galgenstricke" ein). Von beiden Seiten wurden je 19.000 Mark ins Geschäft geschossen. „Mein Socius hatte die technische Leitung und ich den kaufmännischen Theil und die Reisen übernommen. [...] Außer Essigsprit führten wir noch als Handelsartikel Spiritus, Senf, Gurken, Zündhölzer, Spirituosen, Öl und noch manch andere Artikel", erinnert sich Hengstenberg in seinen handschriftlichen Aufzeichnungen aus dem Jahr 1895.

Doch der jährliche Ertrag von 4.000 Mark, den ihm sein Partner vorgerechnet hatte, trat nicht ein. Zu groß war die Konkurrenz, zudem gab es Probleme bei der Produktion. Hengstenbergs Erspartes und die Mitgift seiner Frau waren nach kaum zwei Jahren bis auf ein Drittel aufgebraucht. Hengstenberg trennte sich von seinem Partner, zahlte diesem noch eine kleine Abfindung und übernahm 1878 das Geschäft auf eigene Rechnung. Er konzentrierte sich ganz auf die Essig- und die Essiggurkenproduktion. Mittlerweile hatte er sich intensiv mit der Verwandlung von Alkohol in Essig beschäftigt und entwickelte ein eigenes Verfahren, das sogenannte Staffelessigbildnersystem, das er 1882 patentieren ließ. Dabei floss die Weinmaische langsam durch mehrere flache, stufenförmig hintereinander angeordnete Bottiche. Essigbakterien, die überall in der Luft vorkommen, wan-

Rezept aus „Allerhand Saures", Hengstenberg-Werbeschrift 1906

deln den Alkohol in Essigsäure um. Durch die gegenüber dem älteren Orléansverfahren (mit höheren Bottichen) größere Oberfläche ließ sich der Prozess beschleunigen. Hengstenberg perfektionierte das Verfahren weiter, kombinierte es mit dem Orléansverfahren und erhielt 1884 erneut ein Patent. Auch an die Qualität seiner Ware stellte Richard Alfried Hengstenberg hohe Ansprüche. Von den Konkurrenten wurde meist rot gefärbter Spritessig angeboten. Hengstenberg jedoch warb in Zeitungsanzeigen und Prospekten damit, dass Weinessig mindestens aus 20 Prozent echtem Wein bestehen müsse. Diese Qualitätsvorschrift hielt später sogar Einzug in die deutsche Lebensmittelgesetzgebung und Hengstenbergs „Essiggebot" besteht im Grundsatz heute noch.

Alle Kraft und alles Geld der Familie floss in den Anfangsjahren in die Firma. Carl Hengstenberg erinnerte sich noch in hohem Alter, dass es sein größter Wunsch als kleiner Schuljunge war, einmal nach Herzenslust Äpfel zu essen. Doch die Eltern, die ja nach Esslingen zugewandert waren, besaßen kein Obst-Gütle wie die meisten Einheimischen. Vom Apfelkauf war keine Rede, doch der Vater hatte dem Sohn ein paar ausländische Briefmarken geschenkt. Diese Marken tauschte Carl mit einem Schulkameraden gegen ein Körbchen Äpfel aus dessen elterlichem Garten.

Richard Alfried Hengstenberg gelang es, den Absatzmarkt für seine Produkte Schritt um Schritt zu erweitern. Damit war er seiner Zeit voraus, denn der Vertrieb über den regionalen Markt hinaus war damals eher unüblich. Auf Baden, das Elsass und Bayern folgten das Rheinland und Westfalen, schließlich Berlin, Hamburg, Leipzig, danach Pommern und Ostpreußen. Der junge Chef war ständig auf Achse und schuf somit die Grundlage für die heute noch bestehende Marktstellung Hengstenbergs. Erst 1893 konnte und wollte er sich einen Reisenden leisten. Im gleichen Jahr erweiterte er das Sortiment um Senf.

Bereits im Jahr zuvor, 1892, wurden seine Bemühungen mit der Ernennung zum „Königlichen Hoflieferanten" gekrönt. Wilhelm II. von Württemberg schmeckten die Essiggurken in einem feinwürzigen Aufguss aus frischen Kräutern nach altem, bis heute gut gehütetem Familienrezept, und das königliche Wappen zierte von nun an werbeträchtig die Anzeigen und Produkte. In der Weberstraße platzte man aus allen Nähten. Der Architekt Hermann Falch entwarf den Neubau von Firma und Fabrikantenvilla an der Mettin-

Etikett für Hengstenbergs Weinessig um 1910

gerstraße, dessen Finanzierung wieder erhebliche Anstrengungen erforderte. Über dem Familienwappen, dem springenden Hengst vor einem Berg, das als Medaillon die Straßenfront der Villa schmückt und 1896 als geschütztes Warenzeichen eingetragen wurde, ist immer noch das Königlich Württembergische Wappen angebracht. „Die Nähe der Eisenbahn und die Nachbarschaft der Gurkenpflanzer in Mettingen waren von erheblichen Einfluß auf meinen Entschluß", schrieb Richard Alfried Hengstenberg 1895. Als 1899 drei Riesenfässer, das größte mit einem Fassungsvermögen von 97 Eimern (29.100 Liter), von jeweils vier kräftigen Pferden von Esslingen nach Mettingen zu Hengstenberg transportiert wurden, erregte das bei der Bevölkerung großes Aufsehen. Über die Jahrzehnte wurde das Firmengelände weiter ausgebaut.

Die Firma Hengstenberg erhielt mehrfach für ihre Dauerwaren Auszeichnungen, so schon 1885 auf der Weltausstellung in Antwerpen. 1904 starb Richard Alfried Hengstenberg, der seine Gesundheit dem Betrieb geopfert hatte, mit 56 Jahren. Sein Sohn Carl war wie sein Vater 1876 erst 28 Jahre alt, als er die Verantwortung für das Unternehmen übernahm. Er baute die Produktpalette gezielt aus, indem er die Erzeugnisse dem regional unterschiedlichen Geschmack der Kunden anpasste, und perfektionierte die Werbung, in dem er Künstler gewann, die Anzeigen, Etiketten und Broschüren wie „Allerhand Saures" mit Rezepten und Tipps ansprechend, zeitgemäß und witzig gestalteten. Zu den neuen Produkten zählte 1910 die „Extrafeine Tomatenwürze, mild ausgiebig, gebrauchsfertig, leicht gefärbt", die zunächst im Glas und ab 1912 auch in der Tube angeboten wurde. In jenem Jahr tauchte auch die Bezeichnung „Ketchup" in Klammern auf, die ab 1914 den Hauptnamen des Produkts bildete. 1926 trennte man die Linien: Tomatenwürze gab es nur noch in der Tube, Ketchup im Glas. Nach dem Zweiten Weltkrieg wurde die Produktion von Tomatenprodukten nicht wieder aufgenommen, bis 1967 „ORO di Parma" zu Hengstenberg kam und die Firma damit an ihre Vorkriegstradition anknüpfen konnte.

Ein kleiner Koch mit Essigflaschen im Korb reitet das Hengstenberger Wappentier, Illustration aus „Allerhand Saures", 1906

In den 1920er Jahren wurden Zweigbetriebe in Bitterfeld, Regensburg und Diedesheim gegründet, denen später noch weitere Betriebe in Freiburg, Breslau, Itzehoe und an anderen Orten folgten. Die Dezentralisierung der Produktion senkte die Transportkosten, und es gelang, die Werke in die wichtigsten Anbaugebiete der Grundprodukte zu legen. 1926 zum 50-jährigen Firmenjubiläum löste der neu entwickelte Hengstenberg-Schriftzug mit den „Hausfarben" (Orangerot, Elfenbein und Grün) das Familienwappen als Markenzeichen ab. Carl Hengstenberg begegnete so den vielen Nachahmern, die mit ähnlichen Pferdezeichen warben. Besondere Mühe gab sich Carl Hengstenberg bei der Beschaffung der Weine für die Weinessigfabrikation. Als ihm 1927 nach einer schlechten Weinernte in den klassischen Weinländern Europas nur geringe Qualität angeboten wurde, importierte er gute Weine aus Bulgarien, die in großen Schleppkähnen auf der Donau ins neu gegründete Zweigwerk Regensburg transportiert wurden.

Carl Hengstenberg bewirkte einen Zollschutz für deutschen Weinessig und soll sogar den Rollmops erfunden haben, in dem er den Marinierbetrieben geraten hatte, ihre gerollt verkauften Heringe mit einem kleinen Gurkenstück zu versehen. Dr. Richard Hengstenberg – Carls Sohn – lernte während einer Amerikareise Ende 1930 in Dosen konserviertes Sauerkraut kennen. Es war wie Erbsen- oder Bohnenkonserven in Salzwasser unter Hochdruck sterilisiert, „sozusagen weichgekocht und geschmacklich nicht zu vergleichen mit unserem vollwertigen Sauerkraut. Sauerkraut haben wir damals in Eßlingen nur als Handelsartikel in Kübeln geführt. Die Kü-

Weinessig für den Salat, Werbung um 1920

bel standen im Versandraum, oft lief die Brühe davon. Das gefiel mir gar nicht", erinnerte sich Richard Hengstenberg später.

Zusammen mit dem Konservenmeister Franz Schmid wurden intensive Versuchsreihen durchgeführt. Anfangs verbeulten sich die Dosen beim Erhitzen, manche platzten auf. „Richard, ich glaube, du hast nur noch Sauerkraut im Kopf!", so der Kommentar seines Vaters Carl. Doch mit der Zeit kamen Schmid und Hengstenberg junior dem Geheimnis der unerwünschten Gasentwicklung auf die Spur. Und die Sauerkraut-Dauerkonserve war erfunden. Im Bericht des Konservenmeisters Schmid vom 28. Oktober 1931 steht der Satz: „2½ Tonnen Sauerkraut für London in Dosen sterilisiert. Farbe und Geschmack ist gut." Im Januar 1932 gehen 3½ Tonnen den gleichen Weg. Das weltweit erste pasteurisierte Sauerkraut war auf dem Markt. Ab Herbst 1933 lief die Herstellung des neuen Produkts auf Hochtouren, zunächst als „Delikatess-Filderkraut nach Hausfrauen-Art". Bald darauf wurde die Qualität durch Weinzusatz noch verbessert und das Produkt als Weinsauerkraut deklariert. Lieferungen gingen auch an die Deutsche Wehrmacht und die Marine, welche 1936 einen Erstauftrag von 150.000 10-Liter-Dosen orderte. Ein Spezialbetrieb in Itzehoe, mitten im schleswig-holsteinischen Kohlanbaugebiet, wurde 1937 eröffnet, um die ständig steigende Nachfrage zu befriedigen. Während des Zweiten Weltkrieges musste unter erschwerten Bedingungen eine möglichst große Produktion aufrechterhalten werden. Vorrangig wurde im Rahmen der Kriegswirtschaft die Wehrmacht beliefert.

„Zu allen Salaten", 1932

Die Betriebe waren bei Kriegsende zwar größtenteils unzerstört, aber es mangelte an allem. Es gab keine Kohlen, kein Weißblech für Dosen, so stieg man zunächst wieder auf Holzfässer um. Weißkohl gab es, Salz konnte man zur Not beschaffen, mit Sauerkraut begann der Wiederaufschwung. Nach der Währungsreform wurde Schwarzblech wieder von Weißblech abgelöst. Alte Geschäftskontakte konnten erneut aufgenommen werden. Der Verkaufsleiter Rudolf Binder schlug 1949 vor, einen besonders guten Essig als Markenartikel in Flaschen abgefüllt zu vertreiben. Am 5. April 1949 wurde „Altmeister" als Warenzeichen eingetragen. Damit begann Hengstenberg noch vor dem Aufkommen der Selbstbedienung seine Produkte in verbrauchergerechten Kleinpackungen statt wie bisher üblich in Großpackungen zu vertreiben. Der Marke „Altmeister" – bis 1999 wurden über 700 Millionen Flaschen verkauft – folgten 1953 „Mildessa" (Sauerkraut) und 1964 „Rotessa" (Rotkraut). Beide entwickelten sich zu Verkaufsschlagern und machten Hengstenberg zum Marktführer in diesem Segment. Unter der Leitung der dritten Generation wuchs das Produktionsvolumen stetig, neue Standorte kamen hinzu. So auch in Bad Friedrichshall und Fritzlar, heute neben dem Stammwerk in Esslingen die einzigen noch verbliebenen Standorte.

Werbung bleibt ein wichtiges Marketinginstrument, der erste Fernsehwerbespot wird geboren. In den 1960ern wirbt die aus Ulm stammende Annemarie Huste, Köchin der amerikanischen Präsidenten, für Hengstenberg. Die Produktpalette wächst weiter. 1972 werden die Gurkenviertel Marke „Sticksi" eingeführt. Ab 1995 heißen die Gewürzgurken nach ihrem Produktversprechen „KNAX". 2002 reagiert die Firma auf die Bedürfnisse der Verbraucher nach schnell zubereiteten Convenience-Gerichten und entwickelt ein fertig gekochtes und gewürztes Sauerkraut unter dem Namen „Mildessa 3 Minuten". 2006 folgt ein komplettes Sortiment Bio-Produkte aus kontrolliert ökologischem Anbau. Mittlerweile ist die vierte und fünfte Generation in der Firma. Wenn auch die Verwaltung nach Oberesslingen in einen modernen Bau gezogen ist und in Mettingen bald nicht mehr produziert werden wird, so steht doch fest, Hengstenberg wird Esslingen treu bleiben. Der Stadt, in deren Webergasse 1876 für Richard Alfred Hengstenberg und seine Familie alles begonnen hatte. „Glück und Glas, wie leicht bricht das – doch was im Essig sauer, hat längste Lebensdauer!", wusste schon ein Gratulant zum 75-jährigen Jubiläum zu dichten, das 1951 im festlich geschmückten Esslinger Saalbau gefeiert wurde. Heute beschäftigt der Betrieb rund 500 Mitarbeiter an drei Standorten und kann auf eine bald 140-jährige Tradition zurückblicken. Allein 514 Millionen Gurken werden jedes Jahr eingelegt. Ob Richard Alfred Hengstenberg jemals an eine solch gigantische Zahl zu denken gewagt hätte?

„Mildessa" für die schlanke Linie, Zeitschriftenwerbung 1960

Sektkellerei Kessler

Deutschlands älteste „Champagnerfabrik"

Speyrer Pfleghof 1907

Die Esslinger mögen sich gewundert haben über jenen langen Konvoi von rund zwanzig Kutschen, der am 22. Mai 1878 ihre Stadt erreichte und gegen zwei Uhr nachmittags durch das Mettinger Tor fuhr. Ziel war die Champagnerfabrik von Kessler und Cie. im ehemaligen Speyrer Pfleghof. Den Kutschen entstiegen Hoteliers und Gasthofbesitzer vornehmlich aus Deutschland, Österreich und der Schweiz, die sich in jenen Tagen zu einer Versammlung in Stuttgart getroffen hatten, um allgemeine Fragen des Hotelwesens zu besprechen. Nun statteten die Herren der ältesten deutschen Sektkellerei einen Besuch ab. Nach der Begrüßung durch die Besitzer August Weiss und Gustav Stitz jun. wurden die interessierten Gäste „alsbald in den, in den untern Regionen befindlichen, feenhaft beleuchteten Keller geleitet", wie in der Esslinger Zeitung zwei Tage später zu lesen war. „Endlos reiht sich hier Gestell an Gestell mit Flaschen des sprudelnden, edlen Trankes, wohl verschlossen, bis er aus seinem engen Behälter zu Nutz und Frommen der Menschheit erlöst wird. Großartig war der Eindruck der mächtigen Kellergewölbe. [...] Indessen wurden Proben des hier in der Wiege der deutschen Champagnerfabrikation erzeugten vorzüglichen Schaumweins etc. den Gästen

angeboten, die sich solche wohl schmecken ließen und den Herren Fabrikanten das verdiente Lob spendeten. Der Kessler'sche Champagner ist jedem andern ebenbürtig und hier bot sich den Herren Hoteliers eine gute Gelegenheit, sich hiervon zu überzeugen."

Auch heute noch hinterlassen die bis zu 800 Jahre alten Kellerräume, insgesamt zwölf labyrinthartig verbundene Gewölbekeller, alljährlich bei zahlreichen Besuchern einen besonderen Eindruck. Im Herz der Sektmanufaktur Kessler lagern die perlenden Schätze des Hauses im Schutz der Dunkelheit bei konstant 12 Grad Celsius auf Rüttelpulten. Der schwarze, über Jahrhunderte gewachsene Kellerpilz überzieht in bizarren Formen Decken und Wände der Natursteingewölbe. Er reguliert auf natürliche Weise das Raumklima und schafft ideale Voraussetzungen für die Reifung des Sekts. Als 1953 der berühmte Tenor Beniamino Gigli mit seiner Tochter Rina die Sektkellerei besichtigte, begann er plötzlich, angetan von der Akustik der Gewölbe, ein Ave Maria zu singen. Im „Langen Gang" tief unter dem Speyrer Pfleghof entdeckt der Besucher eine marmorne Gedenktafel. Sie verzeichnet „allerhöchsten Besuch". 1865 kamen König Karl und Königin Olga von Württemberg, 1893 König Wilhelm II. und Königin Charlotte. Noch unter

Rüttelpulte im „Langen Gang" 1925

„Kessler Sekt ist Stammgast im Zeppelin", Werbekarte um 1927

Stationen der Sektproduktion, 1907: August Weiss mit Kellermeister Wütherich und Sohn Rudolf Weiss beim Verkosten, darunter Etikettierung, Verkorkung der Flaschen und Verladung der Sektkisten

König Karl, 1881, hatte man bereits die Auszeichnung des „Königlich Württembergischen Hoflieferanten" erhalten. Als Kaiser Wilhelm II. am 28. September 1888 seinen Antrittsbesuch am württembergischen Hof absolvierte, reichte man zu den Muscheln „Hofkammer mousseux" von Kessler.

Gut hundert Jahre zuvor, am 30. März 1787, hatte Georg Christian Kessler in der Reichsstadt Heilbronn das Licht der Welt erblickt. Den vom Vater ausersehenen Beruf des Silberarbeiters lehnte er ab und absolvierte stattdessen eine Kaufmannslehre, der eine erste Anstellung im damals französischen Mainz folgte. 1807 siedelte er nach Reims in Frankreich über, wo er am 1. Juli die Stelle als Buchhalter im Hause der Witwe Barbe-Nicole Clicquot-Ponsardin antrat. Hier lernte er schnell die Besonderheiten des Champagnergewerbes („Veuve Clicquot") und erhielt bereits 1810 Prokura. Nach der Niederlage Napoleons reiste er durch Deutschland und Russland, um neue Kunden zu gewinnen. 1821 wurde er Teilhaber der Firma mit der Option, das Haus 1824 vollständig zu übernehmen. Doch dazu sollte es nicht kommen. Die persönlichen und geschäftlichen Beziehungen kühlten sich ab, nachdem zum einen mit Eduard Werle ein junger Konkurrent in die Firma Clicquot eingetreten war und zum anderen Kessler seine Frau und sein Kind durch eine Infektion verloren hatte. Kessler hatte sich bereits in den frühen 1820er Jahren in Esslingen als Industriepionier hervorgetan. Mit dem Geld aus dem Unternehmen Clicquot wurde zunächst durch Kesslers Schwager Christian Ludwig Hübler eine Spinnerei und Tuchfabrikation in Esslingen aufgebaut und mit modernsten französischen Maschinen ausgestattet. Nach dem späteren Rückzug Kesslers entstand daraus die Firma Merkel & Kienlin, die die bekannte Esslinger Wolle produzierte.

Bereits 1820 hatte Kessler von seinem Bruder Heinrich das Gut Neuhof (heute Falkensteiner Hof) bei Oedheim gekauft, zu dem vor allem mehrere Weinberge gehörten. Auf dem Gut versuchte Kessler in unzähligen Versuchsreihen moussierende Weine mit einheimischen Rebsorten wie Elbling, Clevner und später auch Riesling herzustellen. Als es im Mai 1826 zur einvernehmlichen geschäftlichen Trennung zwischen der Witwe Clicquot und Kessler kam, konnte er den lange gehegten Wunsch, eine eigene Champagnerkellerei aufzubauen, in Esslingen in die Tat umsetzen. Zum 1. Juli 1826 gründete Georg Christian Kessler mit seinem Geschäftspartner Heinrich August Georgii in der Kelter des ehemaligen Kaisheimer Pfleghofs (Burgsteige 2) das erste Schaumweinunternehmen auf deutschem Boden. Bereits im Jahr darauf wurde er durch König Wilhelm I. für die Förderung des Qualitätsweinbaus in Württemberg mit der „Großen Landwirtschaftlichen Verdienstmedaille" ausgezeichnet. Wenige Jahre später wurden Kessler'sche Erzeugnisse nach Russland, Großbritannien und sogar in die Vereinigten Staaten exportiert. Die gesteigerte Produktion verlangte größere Kellerräume. 1832 erwarb Kessler die ersten Kellergewölbe auf dem Gelände des heutigen Kessler-Areals, den Gerberkeller im ehemaligen Zunfthaus der Gerber (Rathausplatz 15). Schritt um Schritt wurden weitere Keller angemietet, dann ganze Gebäude gekauft, bis sich 1868 der traditionsreiche Speyrer Pfleghof komplett im Besitz der Firma Kessler befand.

1213 hatte Kaiser Friedrich II. die Esslinger Pfarrkirche samt dem Esslinger Zehnten an das Domkapitel Speyer übertragen. Nach der Einführung der Reformation kam es 1539 zum Verkauf der Gebäude durch das Domkapitel an die Reichsstadt Esslingen. Fortan residierte hier die geistliche Verwaltung, der Kirchenkasten, im frühen 19. Jahrhundert der Esslinger Dekan. Eine Tafel an der Archivstraße erinnert an Ferdinand von Hochstetter (1829–1884), Erforscher Neuseelands und erster Direktor des Naturhistorischen Museums in Wien, der hier als Sohn des Stadtpfarrers geboren wurde. Die verwickelte Baugeschichte des markanten Gebäudekomplexes (Marktplatz 21–23, Rathausplatz 15–18) könnte mehrere Aufsätze füllen. Der südlichste Gebäudeteil am Marktplatz mit Giebel zur Archivstraße ist die ehemalige Kirchenkastenverwaltung, ein dreigeschossiges Gebäude aus der Zeit um 1600 über älteren Kellern.

Man nimmt an, dass Heinrich Schickhardt beim Bau beteiligt war. Dem schließt sich nach Norden der eigentliche Speyrer Pfleghof an, der um 1500 repräsentativ umgebaut wurde und einen Steinbau des 13. Jahrhunderts einschließt. Ein Wirtschaftsgebäude mit Zehntkelter und Hof entstand ebenfalls um 1500 und rundet die Bauflucht am Marktplatz nach Norden ab. Immer wieder hat es Bauänderungen gegeben. 1904 wurde durch den renommierten Esslinger Architekten Albert Benz eine einheitliche repräsentative Fachwerkzierfassade hinzugefügt und ein abgegangener Brunnen im Stil der Neorenaissance neu aufgebaut. Im Inneren überrascht das Gebäude am Marktplatz mit beeindruckenden Raumfluchten wie dem Kesslersaal mit seinen spätmittelalterlichen Eichenbundständern oder dem Wappenzimmer mit seiner Wandvertäfelung aus dem späten 16. Jahrhundert, in dem zeitweise die Holzkisten zum Transport der Sektflaschen geschreinert wurden.

In den ersten zehn Jahren nach der Gründung verkaufte Kessler rund eine halbe Million Flaschen. Dabei war die Schaumweinerzeugung zu Anfang mit großen unternehmerischen Risiken verbunden. Viele Flaschen waren dem Innendruck nicht gewachsen und platzten, manchmal ein Drittel bis die Hälfte einer Jahresproduktion. Dennoch ging es voran. Kessler und seine Nachfolger achteten auf die Qualität ihrer Produkte und eine stimmige Vermarktung. „Indem die Keßlersche Handlung es verschmäht, durch französische Etiketten zu täuschen, sind ihre Erzeugnisse vorzugsweise geeignet, die vaterländischen Weine in der Anerkennung des Auslandes zu heben", heißt es in der Esslinger Oberamtsbeschreibung von 1845.

HUGEN DUBEL

KESSLER SEKT IST STAMMGAST IM ZEPPELIN!

Zehn Jahre zuvor, 1835, war Carl Weiss-Chenaux (1809–1889), eine tatkräftige Unternehmerpersönlichkeit, Teilhaber der Firma geworden. Aufgrund eines unheilbaren Rückenmarkleidens zog sich Kessler 1841 fast vollständig aus dem Geschäftsleben zurück. Mit dem Kaufmann Gustav Stitz wurde ein weiterer Teilhaber aufgenommen. Kessler verkaufte seine Anteile an die Teilhaber und zog mit seiner zweiten Frau Auguste und den beiden Kindern nach Stuttgart. Georg Christian von Kessler, noch 1841 in den persönlichen Adelsstand erhoben, starb am 16. Dezember 1842 mit 55 Jahren und wurde auf dem Stuttgarter Hoppenlaufriedhof bestattet.

Sechs Generationen lang bestimmten Mitglieder der Familie Weiss die Geschicke von Kessler Sekt und plazierten ihr Produkt erfolgreich auf dem nationalen und internationalen Markt. Die bis heute bestehende Marke „Kessler Cabinet" erscheint erstmals auf der Leipziger Industriemesse 1850. Carl Weiss ließ einen Versuchsweinberg auf der Neckarhalde anlegen, in dem er 1850/51 ein Weinberghaus

Die Kessler Piccolos in der Urfassung von 1904

im Schweizer Stil errichten ließ. Das Weingut Weisseck entwickelte sich rasch zum Treffpunkt der feinen Esslinger und Stuttgarter Gesellschaft, was die Eintragungen in die Gästebücher des Hauses belegen. Unter Carls Sohn August (1832–1927), ab 1866 Chef der Sektkellerei Kessler, setzt sich der Aufschwung fort. Auf der Weltausstellung in Paris erhielt Kessler in der Kategorie „Vins mousseux" 1867 eine Silbermedaille, der zahlreiche Auszeichnungen auf weiteren Weltausstellungen folgten.

Die Geschäftsbücher der Jahrhundertwende verzeichnen berühmte Kunden wie den Grafen Zeppelin, Gottlieb Daimler und viele andere Mitglieder aus dem „who is who"

der württembergischen Industriellen. Renommierte Hotels, wie das Hotel Marquardt in Stuttgart, bestellten ebenfalls regelmäßig in Esslingen. Kessler-Sekt gehörte 1892 zu den Gründungmitgliedern des Syndikats Deutscher Schaumweinkellereien. Als Abgeordneter des Wahlkreises Esslingen für die Deutsche Partei war Kommerzienrat August Weiss bereits 1889 in den Reichstag eingezogen. 1902 zog sich August Weiss aus dem aktiven Geschäft zurück, Nachfolger wurde sein Sohn Rudolf Weiss (1871–1943). Wenig später modernisierte man Produktion und Verwaltung im Speyrer Pfleghof, ein Lastenaufzug wurde eingebaut, die Fassade repräsentativ vereinheitlicht. Ebenfalls 1904 wurde das Markenzeichen der Firma Kessler geboren, die Kessler Piccolos. Josef Benedikt Engl, ein Karikaturist des „Simplicissimus", entwarf das Werbemotiv mit den beiden herbeieilenden Kellnern, die einen gut gefüllten Sektkühler tragen („Es machen Euch das Leben froh, die beiden Kessler Piccolo!"). Die kleinen Sektflaschen, die heute allgemein als Piccolo bezeichnet werden, gab es übrigens schon Ende des 19. Jahrhunderts, als sogenannte „Quart-Flaschen" oder auch „Medicinal-Flaschen". Der den Kreislauf anregende Sekt wurde damals tatsächlich auch von Ärzten verschrieben.

Wenn auch durch den Ersten Weltkrieg und die einhergehenden Revolutionen manche Kundenkreise wegbrachen, partizipierte Kessler-Sekt wie die anderen Sekthersteller an der zunehmenden Demokatisierung der Käuferschichten im Laufe des 20. Jahrhunderts. Werbung half dabei, aber auch alte Kontakte. Schon vor dem Ersten Weltkrieg wurde Kessler-Sekt beim Gordon-Bennett-Rennen, der Ballonolympiade, oder im Zeppelin ausgeschenkt. 1929 bei der Weltfahrt des Luftschiffes LZ 127 Graf Zeppelin war

„Kessler Hochgewächs" wieder an Bord. Ab 1930 kamen auch die Passagiere des legendären Flugbootes Dornier DoX in den Genuss. Die Aufhebung der Schaumweinbesteuerung 1933 brachte nach den schwierigen Jahren der Weltwirtschaftskrise einen enormen Aufschwung. Nachdem Dr. Günther Weiss und Erich Weiss, die Söhne von Rudolf Weiss, mit vielen Mitarbeitern im Zweiten Weltkrieg eingezogen wurden, stand Annemarie Weiss ihrem Schwiegervater zur Seite und übernahm nach seinem Tod 1943 die Leitung. Produziert wurde im Krieg vor allem für das Militär. Auch bei Kessler Sekt kamen Zwangsarbeiter zum Einsatz. Nach Kriegsende kam es zu Plünderungen, die beinahe das Ende des Unternehmens bedeuteten.

Der Neuanfang war schwierig. Erst mit der Abschaffung des Kriegszuschlages und anderer Beschränkungen der Besatzungszeit begann der Wiederaufstieg der deutschen Sektindustrie. 1951 verkaufte Kessler knapp 100.000 Flaschen, 1969 durchbrach man die Marke von einer Million. Neben dem allgemeinen Wirtschaftswunder, das immer breitere Schichten den Genuss von Sekt ermöglichte, wurde gezielte Werbung immer wichtiger. 1959 nahmen die Kessler-Zwillinge in den Berliner Ufa-Studios einen Werbefilm auf, der in den Kinos zu sehen war. Hilfreich war auch, dass Bundeskanzler Dr. Konrad Adenauer Kessler Sekt zum „Kanzlersekt" adelte. Im Februar 1956 übernachtete er im Hotel Graf Zeppelin in Stuttgart und ließ den Abend mit „Hochgewächs" ausklingen. Sichtlich angetan, entschied er sich nach einer weiteren Sektprobe, den Staatsgästen der Bundesrepublik künftig „Kessler Hochgewächs" kredenzen zu lassen. Und so geschah es dann auch, dass im Laufe der folgenden Jahre viele illustre Gäste in den Genuss dieses Sekts kamen wie Charles

Tradition trifft Moderne im Kessler Karree

de Gaulle, John F. Kennedy oder Leonid Breschnjew. Auch Königin Elisabeth II. von England stieß am 18. Mai 1965 zusammen mit Prinz Philipp, Bundespräsident Heinrich Lübke und Bundeskanzler Ludwig Erhardt beim großen Galadiner auf Schloss Augustusburg mit „Kessler Hochgewächs" an. Zuvor gab es Straßburger Gänseleber mit Toast und Butter, klare Ochsenschwanzsuppe mit altem Sherry, getrüffelte Poulardenbrust und Erdbeeren als Dessert.

Im Jahr 2001, zum 175-jährigen Jubiläum, wurden erstmals öffentliche Führungen durch das Kessler-Haus angeboten.

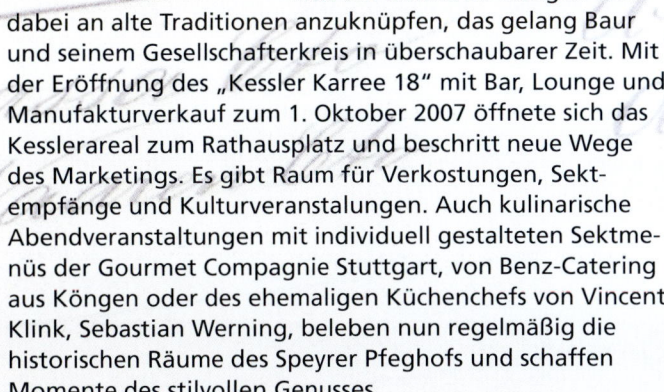

Zur gleichen Zeit wurde „Sekt in the City" etabliert, ein beliebter Samstagstreff in den Empfangssälen. Doch die Zeiten waren nicht einfach. Im Dezember 2004 musste Insolvenz angemeldet werden. Zum 17. Mai 2005 gelang der Kessler GmbH & Co. KG unter der Leitung des Esslinger Betriebswirts Christopher Baur als private unabhängige Sektmanufaktur ein vielbeachteter Neustart. Das historische Potenzial der Gebäude zu nutzen, die Qualität der Marke zu festigen und dabei an alte Traditionen anzuknüpfen, das gelang Baur und seinem Gesellschafterkreis in überschaubarer Zeit. Mit der Eröffnung des „Kessler Karree 18" mit Bar, Lounge und Manufakturverkauf zum 1. Oktober 2007 öffnete sich das Kesslerareal zum Rathausplatz und beschritt neue Wege des Marketings. Es gibt Raum für Verkostungen, Sektempfänge und Kulturveranstaltungen. Auch kulinarische Abendveranstaltungen mit individuell gestalteten Sektmenüs der Gourmet Compagnie Stuttgart, von Benz-Catering aus Köngen oder des ehemaligen Küchenchefs von Vincent Klink, Sebastian Werning, beleben nun regelmäßig die historischen Räume des Speyrer Pfeghofs und schaffen Momente des stilvollen Genusses.

Gruß vom Luftkurort Jägerhaus

Das heutige Höhenhotel Jägerhaus in Esslingen-Liebersbronn geht auf ein im 18. Jahrhundert errichtetes Forsthaus der Reichsstadt Esslingen zurück. Hier lebte der Stadtförster, der den Wald auch vor Holzfrevlern und Wilddieben bewahren sollte. 1899 wurde neben dem Jägerhaus als Kur- und Ausflugslokal die Weinschenke zu den drei Linden errichtet, ein pittoresker Fachwerkbau mit Anklängen an das Mittelalter, den die 1908 verschickte, unten abgebildete Postkarte zeigt. Der „Luftkurort Jägerhaus" war bald ein beliebtes Ausflugsziel der Esslinger Bürgerschaft, die im nahen Schurwald Erholung suchte.

Einmal kam Wilhelm II., der letzte König von Württemberg, der der Stadt Esslingen und ihren Filialorten einen Besuch abstattete, in Begleitung des „Obermax", des damaligen Esslinger Oberbürgermeisters Dr. Max von Mülberger, höchstselbst zum Vesper ins Jägerhaus. Die gemütvolle und allseits beliebte Wirtin wurde dem hohen Gast durch Mülberger mit folgenden Worten vorgestellt: „Majestät, hier diese bewundernswerte Frau, Mutter von acht blühenden Kindern …". Weiter kam er nicht, denn die resolute Wirtsfrau unterbrach den „Obermax" und rief: „Noe, noe, Majeschtät, do hot dr Herr Oberbürgermeischter a paar drzueg'macht." Noch nie, heißt es, habe man den König so herzhaft lachen gehört.

Rezept-Verzeichnis

Nachschlag

Von links nach rechts: Thomas Zörlein, Lars Schietinger, Sabine Wittig, Olaf Schulze, Wolfgang Reichert, Thomas Heil, Yvonne Schramm

Wir danken allen, die zum Gelingen dieses Buches beigetragen haben: den Wirtsleuten, die so schön kochten und uns in ihre Töpfe und Küchen schauen ließen, den Hausbesitzern für Fotos und Geschichten, Charlotte Fink und Michael Metzler vom Stadtmarketing Esslingen am Neckar für die vielen Tipps und Informationen, Dr. Gisela Hengstenberg, Elke Thran, Katja Bauer (Firma Hengstenberg) und Eberhard Kaiser (Firma Kessler Sekt) für den Einblick in ihre Firmenarchive, Rüdiger Brotzer für seine Hinweise zu Esslingens aktueller Gastronomielandschaft, Karin Rossnagel für das sorgfältige Korrekturlesen all unserer Texte sowie Günther Piltz für seine spontane, schnelle und gute Arbeit.

Außerdem geht unser Dank an die Partner des Redaktionsteams, die manche Debatte und zahlreiche Probekochtermine über sich und ihre Küchen ergehen lassen mussten sowie allen Freunden und Bekannten für ihre Ideen und Anregungen. Es hat viel Spaß bereitet, dieses Buch zu machen!

Entdecken Sie auch das
Cannstatt-Kochbuch

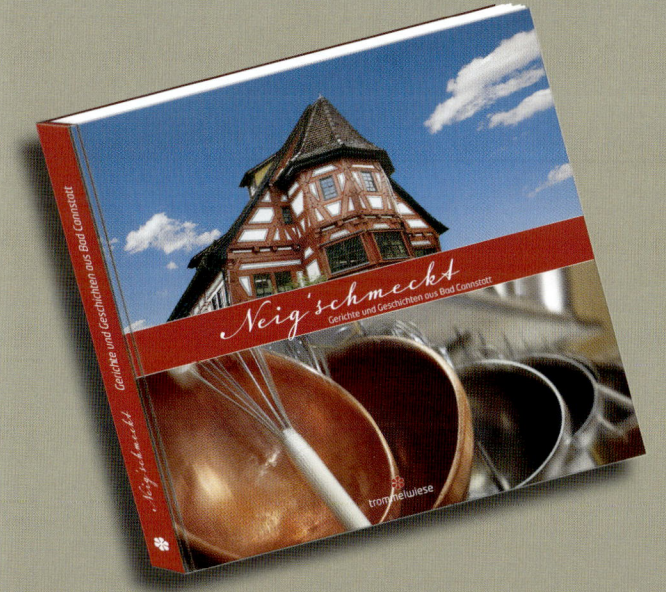

Neig'schmeckt – Gerichte und Geschichten aus Bad Cannstatt

Ein kleiner Streifzug durch Bad Cannstatts Gastronomie – gestern und heute

132 Seiten, ca. 140 Abbildungen
Format: 21 x 21 cm, Hardcover
19,80 EUR
ISBN 978-3-9813379-0-7

© 2010 Verlag Trommelwiese, Stuttgart

Leseprobe und weitere Informationen unter: www.trommelwiese.de

trommelwiese

Trommelwiese = die, alte Bezeichnung für einen Teil des ursprünglich größeren Cannstatter Wasens, nach den dort natürlich auftre-
tenden Mineralquellen benannt, die beim Austritt aus der Erde
trommelartige Geräusche erzeugten (heute Veielbrunnenquelle).